antropología

DIOSES Y HOMBRES DE HUAROCHIRÍ

traducción y prólogo de

JOSÉ MARÍA ARGUEDAS

apéndice por

PIERRE DUVIOLS

siglo veintiuno editores, sa
CERRO DEL AGUA 248 MÉXICO 20, D F

siglo veintiuno de españa editores, sa
EMILIO RUBÍN 7, MADRID 33, ESPAÑA

siglo veintiuno argentina editores, sa
Av. CÓRDOBA 2064, BUENOS AIRES, ARGENTINA

la edición estuvo al cuidado de martí soler
portada de ricardo harte
la pintura de la portada y los dibujos interiores son de
josué sánchez

primera edición, 1966
(museo nacional de historia e instituto de estudios peruanos, lima)
segunda edición, 1975

impreso y hecho en méxico
printed and made in mexico

ÍNDICE

NOTA A LA PRESENTE EDICIÓN

El manuscrito quechua sin título, que comienza con las palabras: *Runa yndio niscap Machoncuna naripa / pacha quill casta yachan mancarca chayca...* fue recogido a fines del siglo XVI en la provincia de Huarochirí, perteneciente a la arquidiócesis de Lima, Perú, por el sacerdote cuzqueño Francisco de Ávila y se conservó entre su papelería en el volumen núm. 3169 de la Biblioteca Nacional de Madrid, junto con dos textos adicionales o suplementos sobre los mismos asuntos y una traducción libre e incompleta que emprendiera Francisco de Ávila de los primeros capítulos (seis) del manuscrito, con la aparente intención de redactar un tratado sobre la idolatría entre los indios peruanos para darla a conocer al público letrado español.

Editado parcialmente por Hermann Trimborn (Leipzig, 1939) y por Hipólito Galante (Madrid, 1942) con traducciones al alemán y al latín (de la cual se hizo una retraducción al español) su edición completa y cuidada fue asegurada definitivamente por el Museo Nacional de Historia y el Instituto de Estudios Peruanos, de Lima, en el año 1966, junto con la primera traducción directa al español que estuvo a cargo del escritor y antropólogo José María Arguedas, quien dio título al manuscrito: *Dioses y hombres de Huarochirí.*

Esta primera edición americana sirvió para inaugurar la colección "Fuentes e Investigaciones para la Historia del Perú" y se presentó con un amplio aparato de erudición. El volumen publicado en Lima en 1966 incluía las siguientes secciones: 1o. introducción a cargo de las instituciones editoras; 2o. prólogo de José María Arguedas; 3o. edición bilingüe, quechua y español, del manuscrito; 4o. edición bilingüe de los dos suplementos, quechua y español, con una breve introducción del traductor; 5o. la versión libre de los seis primeros capítulos que redactara Francisco de Ávila y quedara inédita a su muerte, bajo el título "Tratado y relación de los errores, falsos dioses y otras supersticiones y ritos diabólicos en que vivían antiguamente los indios de las provincias de Huaracherí, Mama y Chaclla y hoy también viven engañados con gran perdición de sus almas"; 6o. estudio biobibliográfico de Pierre Duviols, titulado "Francisco de Ávila, extirpador de la idolatría"; 7o. informe técnico sobre los manuscritos originales y la atribución de autores respectiva; 8o. serie de once documentos históricos sobre la evangelización del Perú en los siglos XVI y XVII, en la región de Huarochirí.

Dado que la presente edición, que he sugerido a Siglo XXI Editores, está destinada al lector no especializado cumpliendo el voto formulado por José María Arguedas ("este libro podrá convertirse en lectura universal y no destinada únicamente a los eruditos"), se ha prescindido del aparato erudito de la anterior publicación. Se ha conservado, junto a la versión española del manuscrito y de los suplementos, los prólogos de José María Arguedas, con las leves supresiones impuestas por la eliminación del original quechua y de los estudios académicos, y el apéndice del investigador francés Pierre Duviols sobre la vida y la obra de Francisco de Ávila que aporta inestimables datos sobre los orígenes del manuscrito quechua que ya ha pasado a ser el de *Dioses y hombres de Huarochirí*, "una especie de *Popol Vuh* de la antigüedad peruana."

ÁNGEL RAMA

INTRODUCCIÓN

El contenido y el estilo de la obra

Creemos que este libro, al que hemos dado el título de *Dioses y hombres de Huarochirí* es la obra quechua más importante de cuantas existen, un documento excepcional y sin equivalente tanto por su contenido como por la forma. *Dioses y hombres de Huarochirí* es el único texto quechua popular conocido de los siglos XVI y XVII y el único que ofrece un cuadro completo, coherente, de la mitología, de los ritos y de la sociedad en una provincia del Perú antiguo.

Este libro muestra, con el poder sugerente del lenguaje no elaborado, limpio de retórica, la concepción total que el hombre antiguo tenía acerca de su origen, acerca del mundo, de las relaciones del hombre con el universo y de las relaciones de los hombres entre ellos mismos. Y, además, alcanza a trasmitirnos, mediante el poder que el lenguaje antiguo tiene, las perturbaciones que en este conjunto habían causado ya la penetración y dominación hispánica. Están descritos mediante la narración de hechos que son expuestos con precisión y en la cual se siente el orgullo provincial, la esperanza y la perplejidad. Es el lenguaje del hombre prehispánico recién tocado por la espada de Santiago. En este sentido es una especie de *Popol Vuh* de la antigüedad peruana; una pequeña biblia regional que ilumina todo el campo de la historia prehispánica de los pueblos que luego formaron el inmenso imperio colonial organizado en el virreinato del Perú.

El *Ollantay* y el *Usca Paukar* son creaciones literarias. La belleza formal de ambas obras doctas es de otro nivel y su importancia documental es muy relativa; el propio testimonio que ofrece Guamán Poma de Ayala se nos presenta como un inmenso documento inevitablemente convencional, con todas las limitaciones y riqueza de una obra inspirada por el amor y el odio, el credo confuso, la sabiduría un tanto libresca; *Dioses y hombres de Huarochirí* es el mensaje casi incontaminado de la antigüedad, la voz de la antigüedad trasmitida a las generaciones por boca de los hombres comunes que nos hablan de su vida y de su tiempo.

El estilo del manuscrito es predominantemente oral. La narración fue dictada quizá por más de un informante según se hable de la historia de uno u otro pueblo; o fue escrita por alguien que conocía, no como observador sino como participante, la materia que se trata de perennizar.

Frecuentemente el narrador habla en primera persona: "Entonces este Huatyacuri, caminando de Huaracancha hacia Sieneguilla, *en el cerro por donde solemos bajar en esa ruta* se quedó dormido..." (cap. 5). "Los hombres de este pueblo de Checa *somos quienes sabemos estas cosas* de Chaupiñamca Llacsahuato Lluncuhuachac Urpayhuachac..." (cap. 13). Son acotaciones que muestran bien cómo el informante, que dicta o escribe la narración, hace observaciones desusadas o inexistentes en obras de autores que relatan no lo que han vivido por sí mismos sino hechos sobre los cuales han recibido información.

En algunos pasajes se nota que el lenguaje es escrito, como en el caso del Prefacio y la mayor parte de los nombres de los capítulos, pero el torrente del lenguaje del manuscrito es oral. Este torrente cautiva; a pesar de los obstáculos señalados, la materia de la lengua oral trasmite un mundo de hombres, dioses, animales, abismos, caminos y acontecimientos como únicamente lo sentimos en los cuentos quechuas oídos en nuestra infancia a los famosos narradores indígenas. La imagen que ofrece este texto del mundo antiguo peruano es vivencial. Infundirá en el lector un conocimiento subjetivo de nuestro pasado, aparte de los innumerables datos precisos que le presentará acerca de ese pasado y de sus primeros contactos con el mundo hispánico. Oirá la voz, limpia de preocupaciones e intenciones literarias, de un nativo o de varios nativos que, a pesar del temor, se entusiasman describiendo las luchas y hazañas de sus dioses y héroes, los detalles de los ritos y de las fiestas. Algunos héroes-dioses, como Tutayquiri, Macahuisa y los tres héroes de gorro de piedra que invaden y espantan a los yuncas, ofrecen caracteres humanos y rasgos maravillosos tan originales que este libro podrá convertirse en lectura universal y no destinada únicamente a los eruditos.

El etnólogo y el historiador podrán *presenciar* actos, *ver* rostros, *sentir* la palpitación de quienes creyeron en los dioses antiguos y por qué los concibieron y creyeron en ellos. No es un indio importante o "docto" el o quienes nos hablan de su mundo, son indios bastante comunes, contagiados ya de creencias cristianas pero sumergidos aún y de manera muy encarnizada en la antigua religión, actores de la vida prehispánica. Y hablan de ese universo en el lenguaje que fue creado para describirlo y trasmitirlo más a la experiencia mítica que a la intelectual; por ejemplo, cuando el narrador cuenta que la mosca que representa a la muerte vuela "¡siu! diciendo". El uso de este gerundio en la traducción habrá de ser discutible, no lo hemos empleado en todas las ocasiones en que el narrador lo usa sino contadas y elegidas veces.[1]

[1] En el capítulo 28 se describe al Yacana. Es el más poético de los pasajes de la obra. Quien lo dictó debió ser un excelente

Algunas fiestas y ritos descritos en este libro perviven, como el dedicado a celebrar la limpieza de los acueductos, que está relacionado con el culto actual a las montañas.[2] Muchas leyendas y cuentos folklóricos tienen su origen más probable en las leyendas que en esta obra aparecen.

Todas las fiestas y ritos se realizaban, tal como ahora, con danzas y cantos. La música y la literatura oral fueron y son los medios de expresión predilectos del hombre andino. Dioses y héroes, símbolos de pueblos, realizan prodigios, vencen o son derrotados; construyen acueductos y levantan andenes sobre los abismos, tocan instrumentos musicales.[3]

La traducción incompleta de Ávila y algunas otras observaciones

Resulta muy importante comparar los siete capítulos que se han publicado de la "traducción" de Ávila y el contenido del manuscrito quechua:

y fervoroso conocedor del cielo. El llama Yacana me fue mostrado por mi padre cuando era niño. Debajo de esa mancha inmensa, que representa una llama arrodillada, de cuello muy largo y en cuya cabeza algo difusa brilla una estrella, aparece una cruz, muy claramente dibujada por otras estrellas menores. Mi padre me dijo que esa cruz se formó en el cielo a la llegada de los españoles como un símbolo de la cristianización de los indios. En una noche sin luna hizo que descubriera ambas figuras. Están muy cerca una de la otra. El capítulo 28 me causó, por esa circunstancia anecdótica, una impresión singular.

[2] F. Soto Flores: *Invención o fiesta de Cochabamba*, en *Revista del Museo Nacional*, t. XXII, pp. 157-178, Lima, 1953; J. M. Arguedas: *Puquio, una cultura en proceso de cambio*, en *id.*, t. XXV, pp. 184-232, Lima, 1955.

[3] *Culto libre entre los incas*, Los Pequeños Grandes Libros de Historia Americana, serie I, t. XVII, Lima, 1952.

El primer capítulo puede ser considerado como una traducción ceñida al original y contiene algunas aclaraciones necesarias para la época. El segundo es ya bastante libre. Sigue el desarrollo de los acontecimientos pero emplea una prosa adornada que contrasta con la muy precisa del original. Los parlamentos son más extensos, no se traducen algunos términos que afectan el valor del documento. Así, en lugar de: "Hermana Cavillaca, mira a este lado y contémplame...", Ávila escribe: "Señora mía, Cavillaca vuelve acá tus ojos..." Los cinco últimos párrafos del texto están dedicados a hacer un comentario del capítulo primero. El comentario es interesante porque confirma cuanto a lo largo del manuscrito se ha dicho acerca de la vigencia del culto y de las creencias indígenas. Ávila agrega ejemplos por él mismo observados y concluye el capítulo con un reproche contra los indios: "Pues quien no ve la gran ceguedad de esta miserable gente y a quien no duele el poco fruto que entre ellos ha hecho la predicación y verdad católica..."

El tercer capítulo contiene la materia del cuarto del manuscrito y, como en todos los casos, no conserva el nombre castellano del capítulo ni traduce rectamente el título quechua. Al tercero lo denomina: "Del eclipse de sol que hubo antiguamente." No conserva el original que aparece en castellano: "Cómo el sol desapareció cinco días." Bajo este título figura una línea quechua que dice: "Y ahora vamos a contar cómo murió el día." Ávila lo omite. También emplea un párrafo para demostrar lo absurdo de la creencia tradicional. El capítulo cuarto narra el "diluvio" que el original quechua contiene en el tercero.

Este capítulo ofrece con fidelidad la leyenda del "diluvio", pero dedica más del doble del espacio que ocupa la narración de la leyenda a refutarla, a pesar de que el informante afirma: "nosotros bendecimos esta narración ahora, los cristianos bendecimos este tiempo del diluvio...". Concluye el capítulo con una especie de desafío que resulta importante como testimonio: "Si algún indio me opusiese que es eso así, que Pariacaca no era yunga y tierra caliente, como parece que allí hay rastros y señales de chacras, le diré que fácilmente el demonio, permitiéndolo Dios, haría aquellos andencillos..."

El quinto capítulo no presenta otras diferencias que las anotadas para la primera parte del segundo. En cambio, el sexto y el séptimo contienen casi todas las aventuras que se narran en el sexto del manuscrito. Nuevamente en este pasaje, la heroína Chuquisuso da el tratamiento de "Padre mío" a Pariacaca, cuando en el texto quechua la respuesta no lleva vocativo, dice simplemente: "Mi campo de maíz muere de sed." En las cuatro líneas que parece alcanzó a escribir del capítulo octavo, se refiere al culto que el ayllu Cupara rinde a Chuquisuso, tema que se trata, asimismo, en el capítulo séptimo del original.

Ávila emplea un castellano limpio y florido. Quien así dominaba el español no nos parece que escribiera el texto tan oral y espontáneo del manuscrito, muy pleno de simpatía por los temas que contiene, texto bien diferente, en estilo y en cuanto a la aproximación hacia lo indígena, de algunos sermones del mismo autor que hemos alcanzado a leer.

No es insensato suponer que el manuscrito fue recogido de más de un informante de la provincia de Huarochirí, por orden de Ávila y mediante auxiliares convenientemente instruidos. Ávila necesitaba la información para el adoctrinamiento y para elegir los métodos a fin de extirpar idolatrías. ¿Quiénes y cuáles son los dioses de Huarochirí? ¿Cómo les rinden culto? ¿En qué fechas y sitios? Todo está dicho en el manuscrito. Y no trasmitido como una información obligada sino espontánea y aun feliz casi a todo lo largo del relato. No es Ávila quien cuenta, es el practicante de la antigua religión, el creyente en los antiguos dioses y héroes. Aunque las declaraciones se sientan, en algunos pasajes, como teñidas de reproche o de cierto temblor que causa el miedo, el narrador cuenta lo suyo y no lo ajeno y muy frecuentemente maravillado y con regocijo. Y, como ya lo dijimos, es ése el valor del documento que publicamos y el legado invalorable que el padre Francisco de Ávila dejó a la posteridad.

El problema de la traducción

La traducción del texto quechua nos pareció una tarea superior a nuestras posibilidades. Tardamos más de cinco años en decidirnos a hacerla y encontrar tiempo para realizarla. Fue el doctor John V. Murra quien acabó por convencernos que debíamos emprender la obra. La circunstancia de desempeñar, durante el tiempo que duró el trabajo, el cargo de director del Museo Nacional de Historia, nos ofreció la oportunidad y nos impuso el deber que hemos cumplido.

Nos sorprendió, en las primeras páginas, encontrar ya el uso de palabras castellanas en la misma forma en que actualmente son empleadas incluso por los hablantes monolingües; al mismo tiempo nos alentó la forma bastante correcta en que la escritura latina está usada: "porque caytam runacuna ña muchaspapas...", "quipapim Pariacacap pacariscantauan rimasun...". Cada unidad gráfica de estos trozos del primer capítulo corresponde a una palabra y en el caso de "pacari-mu-sca-n-ta-uan", el término, que tiene cinco sufijos, está sorprendentemente bien escrito. Pero la lengua no me iba a ser siempre tan familiar, ni la ortografía tan legible: en seguida encontré muchas palabras del quechua del área comprendida por los departamentos de Junín, Huánuco, Ancash y Pasco, la provincia de Cajatambo y algunos distritos de Yauyos del departamento de Lima[4] y la ortografía, que presenta problemas que constituyen verdaderos rompecabezas.[5] Si las reglas ortográficas no habían sido aún bien fijadas para las lenguas latinas, su aplicación al quechua era más imperfecta aún.

Encontramos que, si bien figuran en el texto muchas palabras que en la actualidad no pertenecen al léxico del quechua que se habla desde Huancavelica hasta Santiago del Estero, de Argentina, los sufijos se forman y se ordenan conforme a la esctructura de este quechua. Por tal razón no renunciamos a la dura tarea de la traducción.

Debemos advertir, finalmente, que esta traducción no es ni puede ser la más perfecta posible. Encontramos algunos términos como *añasi, ami* y *llata* que están empleados en un contexto tal, como en el caso del segundo párrafo de la p. 52, cuyo significado no alcanzamos

[4] Esta área es denominada B por Gary Parker, en su artículo *La clasificación genética de los dialectos quechuas*, en *Revista Museo Nacional de Historia*, t. XXXII, Lima, 1963, e I por Alfredo Torero en su artículo *Los dialectos quechuas* en *Revista Anales Científicos*, Universidad Agraria, vol. II, núm. 4, Lima, 1964.

[5] Un caso que puede servir de ejemplo es el de una frase del capítulo 30, "yacupacri mana coyta puchucaspa". Cada una de las palabras y la frase tienen significado, pero resultaban por entero ajenas al contexto. Descubrimos, al fin, que las palabras estaban arbitrariamente compuestas: "yacupacri mana coyta puchucaspa" (para el agua concluyó el no dar), debía haberse escrito así: "yacupac rimanacoy puchucaspa" (habiendo concluido el hablarse [cambiar ideas] con respecto a agua).

a desentrañar bien y nos vimos precisados a conformarnos con uno deductivo del cual no estamos conformes. Tal parece que *ami y llata,* en el ejemplo citado, bien pueden estar vinculados con la frase *sullca huauqui* y que, por tanto, tengan alguna relación con los términos de parentesco. Es posible que estos mismos términos y la palabra *añasi,* que figuran en p. 52, tengan esa misma significación. Consideramos que la presente traducción habrá de ser perfeccionada, si quien la hizo puede alguna vez tener la oportunidad de trabajar en equipo y a dedicación exclusiva con un dialectólogo del quechua tan bien informado como el doctor Alfredo Torero, o con la participación de otro equipo de composición equivalente[6].

Para facilitar el análisis de la traducción hemos dividido el texto quechua en párrafos. No hemos aventurado una puntuación más estricta a fin de permitir que el lector quechua juzgue por sí mismo nuestra traducción.

Agradecemos al doctor Alfredo Torero la generosidad con que nos auxilió durante la labor de traducción y hacemos constar que la transcripción paleográfica del texto quechua ha sido hecha por Karen Spaulding.

Expresamos también nuestro agradecimiento al estudiante norteamericano Glynn Custred y a su esposa alemana Elke, por habernos auxiliado a consultar la edición alemana de Trimborn; a Jorge Manrique, secretario del Museo Nacional de Historia y a la Sra. Amelia Vega, empleada del mismo Museo, por su concurso en la formación de los índices, a Sybila Arredondo por habernos auxiliado, entre otras tareas de la realización del libro, en la corrección de las pruebas de ambos textos y a Bea-

[6] Conviene hacer constar en esta parte de nuestras notas que la frase "caypisi huatallarac cay doctor Francisco de Ávila... caspa..." que aparece en la p. 59 no puede significar otra cosa sino que Ávila hacía "sólo un escaso año" que había llegado al lugar que se refiere el informante.

triz Wendorff por haber mecanografiado la última versión del texto castellano.

Participamos de la creencia de algunos historiadores y antropólogos que confían en que una búsqueda especial en los archivos de España y del Perú puede hacer posible el descubrimiento de otros documentos quechuas que iluminen con la luz penetrante que éste sobre Huarochirí la penumbra aún no bien esclarecida de nuestro pasado prehispánico.

JOSÉ MARÍA ARGUEDAS

Diciembre de 1965 a junio de 1966.

SIGNOS CONVENCIONALES USADOS

Corchetes: anotación o aclaración hecha por el traductor en el texto castellano.

Paréntesis: aclaración hecha por el autor del manuscrito.

En cursiva: las palabras castellanas que aparecen en el texto quechua.

Comillas: Los títulos de los capítulos que en el original quechua aparecen escritos en castellano.

DIOSES Y HOMBRES DE HUAROCHIRÍ

Si los *indios* de la antigüedad hubieran sabido escribir, la vida de todos ellos, en todas partes, no se habría perdido. Se tendrían también noticias de ellos como existen sobre los españoles y sus jefes; aparecerían sus imágenes. Así es, y por ser así y como hasta ahora no está escrito eso, yo hablo aquí sobre la vida de los antiguos hombres de este pueblo llamado Huarochirí, antiguos hombres que tuvieron un progenitor, un padre; sobre la *fe* que tenían y de cómo viven hasta ahora. De eso, de todo eso, ha de quedar escrito aquí [la memoria], con respecto a cada pueblo, y cómo es y fue su vida desde que aparecieron.

CAPÍTULO 1

"Cómo fue antiguamente los ídolos y cómo guerreó entre ellos y cómo había en aquel tiempo los naturales"

En tiempos muy antiguos existió un huaca llamado Yanamca Tutañamca. Después de estos huacas, hubo otro huaca de nombre Huallallo Carhuincho. Este huaca venció. Cuando ya tuvo poder, ordenó al hombre que sólo tuviera dos hijos. A uno de ellos lo devoraba, al otro, al que por amor escogieran sus padres, lo dejaba que viviera. Y desde entonces, cuando moría la gente, revivían a los cinco días, y del mismo modo, las sementeras maduraban a los cinco días de haber sido sembradas. Y estos pueblos, los pueblos de toda esta región, tenían muchos yuncas.* Por eso aumentaron tanto y, como se multiplicaron de ese modo, vivieron miserablemente, hasta en los precipicios y en las pequeñas explanadas de los precipicios hicieron chacras, escarbando y rompiendo el suelo. Ahora mismo aún se ven, en todas partes, las tierras que sembraron, ya pequeñas, ya grandes. Y en ese tiempo las aves eran muy hermosas, el huritu y el caqui, todo amarillo, o cada cual rojo, todos ellos.

Tiempo después, apareció otro huaca que llevaba el nombre de Pariacaca. Entonces, él, a los hombres de todas partes los arrojó. De esos hechos posteriores y del mismo Pariacaca vamos a hablar ahora. En aquel tiempo existió un huaca llamado Cuniraya, existió en-

* Tierras yuncas o gente venida de la zona yunca.

tonces. Pero no sabemos bien si Cuniraya fue antes o después de Pariacaca, o si ese Cuniraya existió al mismo tiempo o junto con Viracocha, el creador del hombres; *porque* la gente para adorar decía así: "Cuniraya Viracocha, hacedor del hombre, hacedor del mundo, tú tienes cuanto es posible tener, tuyas son las chacras, tuyo es el hombre: yo". Y cuando debían empezar algún trabajo difícil, a él adoraban, arrojando hojas de coca al suelo: "haz que recuerde esto, que lo adivine Cuniraya Viracocha", diciendo, y sin que pudieran ver a Viracocha, los muy antiguos le hablaban y adoraban. Y mucho más los maestros tejedores que tenían una labor tan difícil, adoraban y clamaban. Por esa razón hemos de escribir de las cosas que ocurrieron antes que él [Cuniraya] existiera, junto con los sucesos de Pariacaca.

CAPÍTULO 2

"Cómo sucedió Cuniraya Viracocha en su tiempo y cómo Cahuillaca parió a su hijo y lo que pasó"

Vida de Cuniraya Viracocha

Este Cuniraya Viracocha, en los tiempos más antiguos, anduvo, vagó, tomando la apariencia de un hombre muy pobre; su yacolla [manto] y su cusma [túnica] hechas jirones. Algunos, que no lo conocían, murmuraban al verlo: "miserable piojoso", decían. Este hombre tenía poder sobre todos los pueblos. Con sólo hablar conseguía hacer concluir andenes bien acabados y sostenidos por muros. Y también enseñó a hacer los canales de riego arrojando [en el barro] la flor de una caña llamada pupuna; enseñó que los hicieran desde su salida [comienzo]. Y de ese modo, haciendo unas y otras cosas, anduvo, emperrando [humillando] a los huacas de algunos pueblos con su sabiduría.

Y así, en ese tiempo, había una huaca llamada Cavillaca. Era *doncella,* desde siempre. Y como era hermosa, los huacas, ya uno, ya otro, todos ellos: "voy a dormir con ella", diciendo, la requerían, la deseaban. Pero ninguno consiguió lo que pretendía. Después, sin haber permitido que ningún hombre cruzara las piernas con las de ella, cierto día se puso a tejer al pie de un árbol de lúcuma. En ese momento Cuniraya, como era sabio, se convirtió en pájaro y subió al árbol. Ya en la rama tomó un fruto, le echó su germen masculino e hizo caer el fruto delante de la mujer. Ella muy contenta, tragó el germen. Y de ese modo quedó preñada, sin haber tenido contacto con ningún hombre. A los nueve meses, como cualquier mujer, ella parió así *doncella*. Durante un año crió dándole sus pechos a la niña.* "¿Hija de quién será?", se preguntaba. Y cuando la hija cumplió el año justo y ya gateaba de cuatro pies, la madre hizo llamar a los huacas de todas partes. Quería que reconocieran a su hija. Los huacas, al oír la noticia, se vistieron con sus mejores trajes. "A mí ha de quererme, a mí ha de quererme", diciendo, acudieron al llamado de Cavillaca.

La reunión se hizo en Anchicocha donde la mujer vivía. Y allí, cuando ya los huacas sagrados de todas partes estaban sentados, allí la mujer les dijo: "Ved hombres, poderosos jefes, reconoced a esta criatura. ¿Cuál de vosotros me fecundó con su germen?" Y preguntó a cada uno de ellos, a solas: "¿Fuiste tú? ¿Fuiste tú?", les iba diciendo. Y ninguno de ellos contestó: "Es mío." Y entonces, como Cuniraya Viracocha, del que hemos hablado, sentado humildemente, aparecía como un hombre muy pobre, la mujer no le preguntó a él. "No puede ser hijo de un miserable", diciendo, asqueada de ese hombre harapiento, no le preguntó; porque este Cuniraya estaba rodeado de hombres hermosamente vestidos. Y como nadie afirmara: "Es mi hijo" ella le habló a la niña: "Anda tú misma y reconoce a tu padre", y a los huacas les dijo: "Si alguno de vosotros es el padre, ella misma tratará de subir a los brazos de quien sea el padre." Entonces, la criatura empezó a caminar a cuatro

* El sexo del hijo no aparece claramente determinado, pues unas líneas más adelante se dice que la convocatoria se hizo cuando "chay huarma", "ese niño", ya tenía un año y podía caminar gateando. El sustantivo *huarma,* como *huahua,* no señala el sexo.

pies *hasta* el sitio en que se encontraba el hombre haraposo. En el trayecto no pretendió subir al cuerpo de ninguno de los presentes; pero apenas llegó ante el pobre, muy contenta y al instante, se abrazó de sus piernas. Cuando la madre vio esto, se enfureció mucho: "¡Qué asco! ¿Es que yo pude parir el hijo de un hombre tan miserable?", exclamando, alzó a su hija y corrió en dirección del mar. Viendo esto: "Ahora mismo me ha de amar", dijo Cuniraya Viracocha y, vistiéndose con su traje de oro, espantó a todos los huacas; y como estaban así, tan espantados, los empezó a arrear, y dijo: "Hermana Cavillaca, mira a este lado y contémplame; ahora estoy muy hermoso." Y haciendo relampaguear su traje, se cuadró muy enhiesto. Pero ella ni siquiera volvió los ojos hacia el sitio en que estaba Cuniraya; siguió huyendo hacia el mar. "Por haber parido el hijo inmundo de un hombre despreciable, voy a desaparecer", dijo, y diciendo, se arrojó al agua. Y allí hasta ahora, en ese profundo mar de Pachacamac se ven muy claro dos piedras en forma de gente que allí viven. Apenas cayeron al agua, ambas [madre e hija] se convirtieron en piedra.

Entonces, este Cuniraya Viracocha: "Mi hermana ha de verme, ha de aparecer", diciendo, llamándola y clamando, se alejó del sitio [Anchicocha]. Y se encontró con un cóndor antiguo. Le preguntó al cóndor: "Hermano: ¿dónde te encontraste con ella, con esa mujer?". "Muy cerca de aquí", le contestó el cóndor, "has de encontrarla". Y Cuniraya le dijo: "Tendrás larga vida. Cuando mueran los animales salvajes, ya sea huanaco o vicuña, o cualquier otro animal, tú comerás su carne. Y si alguien te matara, ése, quien sea, también morirá." Así le dijo.

Después se encontró con el zorrino. Y cuando le preguntó: "Hermano ¿adónde te encontraste con ella, con esa mujer?"; el zorrino le contestó: "Ya nunca la encontrarás; se ha ido demasiado lejos." "Por haberme dado esa noticia, tú no podrás caminar durante el día, nunca, pues te odiarán los hombres; y así, odiado y apestando, sólo andarás de noche y en el desprecio padecerás", le dijo Cuniraya. Poco después se encontró con el puma. El puma le dijo a Cuniraya: "Ella va muy cerca, has de alcanzarla." Cuniraya le contestó: "Tú has de ser muy amado; comerás las llamas de los hombres culpables. Y si te matan, los hombres se pondrán tu cabeza sobre su cabeza en las grandes *fiestas,* y te harán cantar; cada año degollarán una llama, te sacarán afuera y te harán cantar." Luego se encontró con un zorro, y el zorro le dijo: "Ella ya está muy lejos; no la encontrarás." Cuniraya le contestó: "A ti, aun cuando camines lejos de los hombres, que han de odiarte, te perseguirán; dirán: 'ese zorro infeliz', y no se conformarán con matarte; para su placer, pisarán tu cuero, lo maltratarán."

Después, se encontró con un halcón; el halcón le dijo: "Ella va muy cerca, has de encontrarla", y Cuniraya le contestó: "Tú has de ser muy feliz; *almorzarás* picaflores y luego comerás pájaros de todas clases. Y si mueres, o alguien te mata, con una llama te ofrendarán los hombres; y cuando canten y bailen, te pondrán sobre su cabeza, y allí, hermosamente, estarás."

En seguida se encontró con un *lorito;* y el lorito le dijo: "Ella ya venció una gran distancia; no la encontrarás." Cuniraya le contestó: "Tú caminarás gritando siempre demasiado; cuando digas: 'destruiré tus alimentos', los hombres, que han de odiarte, te descubrirán por los gritos y te espantarán; vivirás padeciendo."

Y así, a cualquiera que le daba buenas noticias, Cuniraya le confería dones, y seguía caminando, y si alguien le desalentaba con malas noticias, lo maldecía, y continuaba andando. (Así, llegó hasta la orilla del mar. Apenas hubo llegado al mar, entró al agua, y la hizo hinchar, aumentar. Y de ese suceso los hombres actuales dicen que lo convirtió en *castilla;* "el antiguo mundo también a otro mundo va" dicen).

Y volvió hacia Pachacamac, y allí entonces, llegó hasta donde vivían dos hijas jóvenes de Pachacamac. Las jóvenes estaban guardadas por una serpiente. Poco antes de que llegara Cuniraya, la madre de las dos jóvenes fue a *visitar* a Cavillaca en el fondo del mar en que ella se arrojó; el nombre de esa mujer era Urpayhuachac. Cuando la mujer salió de visita, este Cuniraya Viracocha hizo dormir a la mayor de las muchachas, y como pretendió él dormir con la otra hermana, ella se convirtió en paloma y se echó a volar. Y por eso, a la madre, la llamaron: "la que pare palomas".

En aquel tiempo, dicen, no existía ni un solo pez en el mar. Únicamente la mujer a quien llamaban "la que pare palomas" criaba [peces] en un pequeño pozo que tenía en su casa. Y el tal Cuniraya, muy enojado: "¿Por qué esta mujer visita a Cavillaca en el fondo del agua?", diciendo, arrojó todas las pertenencias de Urpayhuachac al gran mar. Y sólo desde entonces, en el lago grande, se criaron y aumentaron mucho los peces. Entonces ése, al que nombraban Cuniraya, anduvo por la orilla del gran lago; y la mujer Urpayhuachac, a quien le dijeron cómo sus hijas habían dormido, enfurecida persiguió a Cuniraya. Y cuando venía persiguiéndolo y llamándolo, "¡Oh!", diciendo, se detuvo. Entonces le habló [ella]: "Únicamente voy a despiojarte." Y empezó a despiojarlo. Y cuando ya estuvo despiojado, ella, en ese mismo sitio, hizo elevarse un gran precipicio y pensó: "Voy a hacer caer allí a Cuniraya." Pero en su sabiduría, sospechó la intención de la mujer. "Voy a orinar un poquito, hermana" diciendo, se fue, se vino hacia estos lugares y permaneció en ellos, en sus alrededores o cercanías, mucho tiempo, haciendo caer en el engaño a los hombres y a los pueblos.

CAPÍTULO 3

"Cómo pasó antiguamente los indios cuando reventó la mar"

En esta parte volveremos a las cosas que cuentan los hombres muy antiguos

Lo que ellos cuentan es como sigue: en tiempos antiguos este mundo estuvo en peligro de desaparecer. Un llama macho que pastaba en una montaña con excelente yerba, sabía que la Madre Lago [el mar] había deseado [y decidido] desbordarse, caer como catarata. Este llama entristeció; se quejaba: "in, in", diciendo lloraba, y no comía. El dueño del llama, muy enojado, lo golpeó con una coronta de choclo: "Come, perro —le dijo—, tú descansas sobre la mejor yerba". Entonces el llama, hablando como si fuera un hombre, le dijo: "Ten mucho en cuenta y recuerda lo que voy a decirte: ahora, de aquí a cinco días, el gran lago ha de llegar y todo el mundo acabará", así dijo, hablando. Y el dueño quedó espantado; le creyó. "Iremos a cualquier sitio para escapar. Vamos a la montaña Huillcacoto, allí hemos de salvarnos; lleven comida para cinco días", ordenó, dijo. Y así, desde ese instante, el hombre se echó a caminar, llevando a su familia y al llama. Cuando estaba a punto de llegar al cerro Huillcacoto, encontró que todos los *animales* estaban reunidos: el puma, el zorro, el huanaco, el cóndor, todas las especies de *animales*. Y apenas hubo llegado el hombre, el agua empezó a caer en cataratas; entonces allí, apretándose mucho, estuvieron hombres y animales de todas partes, en el cerro de Huillcacoto, en un pequeño espacio, sólo en la *punta,* hasta donde el agua no pudo alcanzar. Pero el agua logró tocar el extremo del rabo del zorro y lo mojó; por eso quedó ennegrecido. Y cumplidos los cinco días, el agua empezó a descender, se secó; y la parte seca creció; el mar se retiró más, y retirándose y secándose mató a todos los hombres. Sólo ése de la montaña vivió y con él volvió a aumentar la gente, y por él existe el hombre hasta hoy. Y nosotros bendecimos esta narración ahora; los *cristianos* bendecimos ese *tiempo del diluvio,* tal como ellos narran y bendicen la forma en que pudieron salvarse, en la montaña Huillcacoto.

CAPÍTULO 4

"Cómo el sol se desapareció cinco días"

Y ahora vamos a contar cómo murió el día

En tiempos antiguos dicen que el sol murió. Y, muerto el sol, se hizo noche durante cinco días. Las piedras, entonces, se golpearon entre ellas mismas, unas contra otras; desde entonces se formaron los llamados *morteros*, es decir las muchcas, y también los batanes. Los hombres empezaron a comer en esas cosas; las llamas de los cerros comenzaron ya a seguir al hombre. Y esto, ahora nosotros *cristianos* lo bendecimos diciendo: "Quizá anocheció el mundo por causa de la muerte de nuestro poderoso señor *Jesucristo.*" Y es posible que así haya sido.

CAPÍTULO 5

"Cómo antiguamente pareció Pariacaca en un cerro llamado Condorcoto y lo que sucedió"

Desde este punto de nuestra narración ha de comenzar la historia de la aparición de Pariacaca

Ya, sí, en los cuatro *capítulos* anteriores, hemos contado la vida del mundo antiguo, pero no sabemos cómo apareció en esos tiempos el hombre, en qué sitio apareció, y cómo luego de aparecido, en esos tiempos, vivieron odiándose, luchando entre ellos. Sólo reconocían como a curacas a los *ricos* y a los poderosos. A ellos, a esos antiguos, los llamamos hombres montaraces, silvestres. En ese tiempo, el denominado Pariacaca nació de cinco huevos en el sitio llamado Condorcoto. Un hombre pobre llamado Huatyacuri, de quien se dice era hijo de Pariacaca, fue el primero que supo, que vio el nacimiento. De cómo supo esta noticia y de lo muy *misterioso* de cuanto hizo vamos a hablar en seguida.

En aquel tiempo, el tal llamado Huatyacuri vivía comiendo miserablemente; se alimentaba sólo de papas asadas en la tierra calentada ["guatia" o "huatia"]; y por eso le dieron el nombre [despectivo] de Huatyacuri. En la misma época vivía un muy poderoso, grande y rico jefe: se llamaba Tamtañamca. En ninguna parte había una casa tan grande, ocupaba un espacio que abarcaba toda la vista; estaba techada con alas de pájaros; las llamas que poseía eran amarillas, rojas, *azules;* toda clase de llamas tenía. Este hombre, viendo que su vida era regalada, hizo venir gente de los pueblos de todas partes, los enumeró; y entonces, mostrándose como si fuera un sabio, engañando con su poco entendimiento a muchísimos hombres, vivió. Así pudo hacerse considerar como un verdadero sabio, como un *dios,* este llamado Tamtañamca; así fue, hasta que una horrible enfermedad lo atacó. Y como pasaron muchos años y él seguía enfermo, y se creía que era hombre sabio y grande, la gente hablaba: "tiene un mal grave". Y tal como los huiracochas [los españoles] hacen llamar a los sabios [amautas] y a los *doctores,* también él hizo llamar a los que conocían bien de todo, a los *sabios.* Pero ninguno pudo descubrir la causa de su enfermedad.

Entonces ese Huatyacuri, caminando de Uracocha hacia *Sieneguilla,* en el cerro por donde solemos bajar en esa ruta se quedó a dormir. Ese cerro se llama ahora Latauzaco. Mientras allí dormía, vino un zorro de la parte alta y vino también otro zorro de la parte baja; ambos se encontraron. El que vino de abajo preguntó al otro: "¿Cómo están los de arriba?" "Lo que debe estar bien, está bien —contestó el zorro—; sólo un poderoso, que vive en Anchicocha, y que es también un sacro hombre que sabe de la verdad, que hace como si fuera *dios,* está muy enfermo. Todos los amautas han ido a descubrir la causa de la enfermedad, pero ninguno ha podido hacerlo. La causa de la enfermedad es ésta: a la parte vergonzosa de la mujer [de Tamtañamca] le entró un grano de maíz mura saltando del tostador. La mujer sacó el grano y se lo dió a comer a un hombre. Como el hombre comió el grano, se hizo culpable; por eso, desde ese tiempo, a los que pecan de ese modo se les tiene en cuenta, y es por causa de esa culpa que una serpiente devora las cuerdas de la bellísima casa en que vive, y un sapo de dos cabezas habita bajo la piedra del batán. Que esto es lo que consume al hombre, nadie lo sospecha." Así dijo el zorro de arriba, en seguida preguntó al otro: "¿Y los hombres de la zona de abajo están igual?" Él contó otra historia: "Una mujer, hija de un sacro y poderoso jefe, está que muere por [tener contacto] con un sexo viril." (Pero el relato de cómo esa mujer pudo salvarse es largo y lo escribiremos después; ahora volvamos a continuar lo que íbamos contando.) Luego de oír a los dos zorros, Huatyacuri dijo: "Está sufriendo ese tan grande jefe que simula ser *dios* porque está enfermo; dicen que ese hombre tenía dos hijas, a la mayor la ha unido con un hombre muy *rico*." Y así, ese miserable Huatyacuri, de quien hablamos, llegó hasta donde estaba el hombre enfermo. Ni bien llegó, empezó a preguntar: "¿No hay en este pueblo alguien que sufre un mal grave?" Entonces la menor de las hijas [de Tamtañamca]: "Mi padre es quien está enfermo", dijo. "Júntate conmigo; por ti sanaré a tu padre", le propuso [Huatyacury]. No sabemos cuál era el nombre de esta mujer, aunque se dice que después la llamaron Chaupiñamca. Ella no esperó y se llevó al desconocido. "Padre mío, aquí hay un pobre miserable que dice que puede sanarte", dijo. Al oír estas palabras, todos los *sabios* que estaban sentados protestaron: "No lo hemos podido curar nosotros y va a poder ese pobre miserable", dijeron. Pero, como el poderoso hombre anhelaba sanar: "Que venga ese hombrecito, cualquiera que sea", ordenó, e hizo llamarlo. Y como fue llamado, este Huatyacuri, entrando, dijo. "Padre, si deseas sanar yo te sanaré, en cambio me convertirás en tu hijo." "Me parece bien", contestó el jefe. Al oír esta respuesta, el marido de la hija mayor se enfureció. "¿Cómo ha de unirla con este pobre miserable, siendo ya nosotros ricos y poderosos?"

Narraremos, luego, las luchas que hubo entre este hombre enfurecido y Huatyacuri; ahora, continuemos con la historia de la curación del enfermo por el tal Huatyacuri.

Cuando empezaba a curar al enfermo, le dijo: "Tu mujer es adúltera. Y por ser ella así te ha enfermado; y quienes te hacen padecer son dos serpientes que viven en el techo de tu excelsa casa y un sapo de dos cabezas que habita debajo del batán. Vamos a matarlos y te aliviarás. Una vez que estés sano adorarás a mi padre, prefiriéndolo a quienquiera: mi padre ha de llegar pasado mañana. Tú no tienes verdadero poder, pues si lo tuvieras no te habrías enfermado gravemente." Al oír esto, el enfermo se atemorizó mucho; y dijo "voy a desatar mi hermosa casa", y entristeció.

"En vano este miserable infeliz habla; yo no soy adúltera", dijo la mujer, se puso a gritar. Pero como el hombre ansiaba sanar, ordenó que desataran su casa; y así, encontraron a las dos serpientes, las sacaron y mataron. Luego le dijo a su mujer que ella había hecho comer a cierto hombre un grano de maíz que saltó de la tostadora a su parte vergonzosa. La mujer se vio obligada a contar lo que había ocurrido y a declarar que Huatyacuri decía la verdad. En seguida hizo levantar el batán. Encontraron debajo de la piedra un sapo de dos cabezas; el sapo voló hasta la laguna Anchi que había en una quebrada. Dicen que hasta ahora vive allí, en un manantial. Y cuando algún hombre llega hasta sus orillas: "¡Ña!", diciendo, lo hace desaparecer o pronunciando la misma palabra lo *enloquece.*

Después que ocurrieron estos sucesos, el hombre sanó; y cuando ya hubo sanado, el tal Huatyacuri fue, en el turno fijado, hasta Condorcoto. Allí estaba el huaca denominado Pariacaca, echado en forma de cinco huevos. Cuando llegó al sitio, el viento empezó a soplar; en los tiempos antiguos no soplaba el viento. Y como el hombre, ya curado, le había dado a su hija menor, Huatyacuri la llevó consigo. En el camino pecaron los dos.

El cuñado de la mujer, de quien hablamos antes, supo que la mujer había pecado; se enfureció, habló: "Voy a afrentarlo, lo dejaré en la mayor vergüenza", diciendo, fue a desafiarlo. "Hermano: vamos a competir en lo que quieras —dijo a Huatyacuri—. Tú, que eres un miserable, has tomado por mujer a mi cuñada que es rica y poderosa." "Está bien, acepto", contestó el pobre, y fue adonde su padre a contarle lo que le había ocurrido. Éste le dijo: "Está bien, cualquiera cosa que te proponga, pero ven a avisarme inmediatamente." Y la competencia se hizo del modo siguiente:

Un día le dijo a Huatyacuri: "Hoy vamos a competir en beber y cantar." Entonces Huatyacuri, el pobre, fue a consultar con su padre. Él le dijo: "Anda a una montaña; allí, finge ser un huanaco muerto y échate al suelo. Por la mañana, temprano, vendrán a verme un zorro y un zorrino con su mujer. Traerán chicha en un porongo [jarra pequeña], y también una tinya [tamborcillo]. Creyendo que eres un huanaco muerto, pondrán en el suelo la tinya y el porongo, luego empezarán a comerte. El zorro, muy aturdido, dejará esas cosas en la tierra y también una antara [flauta de Pan] y comenzará a devorarte; entonces, tú te levantarás, mostrándote como hombre que eres, y gritarás fuete, como para que duela. Los animales huirán olvidándose de todo. Tú te llevarás el porongo y la tinya e irás a competir."

Tal como lo instruyó su padre hizo las cosas este pobre Huatyacuri. Y, así, ya en el sitio donde debía hacerse la competencia, la empezó el hombre *rico*. Se puso a cantar y a bailar con las mujeres, y cuando hubo cantado como unas doscientas canciones, concluyó. Entonces entró a cantar el pobre, acompañado únicamente por su mujer; entraron los dos, por la puerta. Y cuando el hombre cantó acompañándose con el tambor del zorrino, el mundo entero se movió. Y Huatyacuri ganó la competencia. Luego, se inició la de beber. El hombre rico invitó a los hombres que estaban en todos los sitios; bebió con ellos sin descanso. Mientras tanto, el pobre, tal como hoy lo hacen los hombres foráneos que se sientan en las reuniones, algo lejos y a cierta altura, así estuvo esperando. El rico se sentó, luego, tranquilo, sin pena, después de haber invitado a todos los hombres. Entonces, Huatyacuri entró a competir. Comenzó a beber con toda la gente, sirviéndole de su cantarito. Y la gente se reía: "¡Cómo puede creer que ha de satisfacer a tanta gente con ese poronguito!", decían. Pero Huatyacuri invitó a los concurrentes. Empezando desde un extremo, mientras los otros reían, les sirvió con gran rapidez, y todos cayeron embriagados.

Nuevamente vencido, el hombre rico desafió al pobre en otra competencia para el día siguiente. La prueba consistiría en ataviarse con los mejores vestidos. Huatyacuri volvió a acudir donde su padre. Su padre le obsequió un traje hecho de nieve. Con ese traje quemó [deslumbró] los ojos de todos, y ganó la competencia. Después, el hombre rico trajo muchos pumas y desafió, una vez más, a competir a Huatyacuri. El pobre fue donde su padre, y cuando le hubo contado cuál era la nueva competencia que le proponía su rival, el padre hizo aparecer, en la madrugada, un puma rojo del fondo de un manantial. Y con ese puma rojo estuvo Huatyacuri, mientras el otro cantaba; y cuando Huatyacuri cantó con el puma rojo, apareció un arco en el cielo, lo que ahora se llama *arco cielo,* de colores, mientras cantaba.

El otro hombre lo desafió entonces en construir el muro de una casa y, como tenía tantos hombres a su servicio, en un solo día hizo levantar las paredes de una casa grande. Huatyacuri, en cambio, no pudo sino construir los cimientos y anduvo durante el día con su mujer, sin hacer nada; pero en la noche le auxiliaron los pájaros, las serpientes, todo ser vivo que hay en el mundo. Y cuando su rival vio la obra concluida, se espantó y lo desafió a construir el techo de la casa. Huatyacuri cargó en vicuñas la paja y las cuerdas, todo lo que era necesario para cubrir el techo de la casa; el otro hombre rico cargó en llamas cuanto necesitaba para la obra, y cuando la piara pasaba por un precipicio, pequeños gatos monteses la asustaron por encargo de Huatyacuri, que les había rogado que lo ayudaran. Las cargas fueron *destruidas,* las llamas cayeron al abismo, y venció en la prueba.

Como había vencido en todo, este hombre pobre le dijo a su rival, obedeciendo instrucciones de su padre: "Hasta ahora hemos competido en pruebas que tú has propuesto; en seguida lo haremos en otras que yo voy a proponer." "Está bien", le contestó el hombre. Y Huatyacuri propuso: "Vistámonos con huara [pañete que cubría la cintura y piernas] azul y que nuestra cusma [túnica] sea blanca; de ese modo vestidos, cantemos y bailemos." "Está bien", volvió a responder el rico. Y como él había iniciado las competencias, empezó también a cantar, y cuando estaba así, cantando, el tal Huatyacuri, lanzó un grito desde afuera; toda su poderosa fuerza se expandió en el grito, y el hombre rico, aterrado, se convirtió en venado y huyó. Entonces su mujer dijo: "Voy a morir con mi esposo querido" y, así diciendo, siguió al venado. Pero el hombre pobre, muy enojado, dijo: "Vete, corre; tú y tu esposo me hicieron padecer, ahora voy a hacerte matar a ti." Y diciendo esto la persiguió, le dio alcance en el camino de la laguna de Anchi. Allí le habló: "Aquí van a venir los hombres de todas partes, los de arriba y los de abajo, en busca de tu parte vergonzosa, y la encontrarán." Y dicho esto, la puso de pie, levantándola de la cabellera. Pero en ese mismo instante la mujer se convirtió en piedra. Y hasta ahora está allí, con sus piernas humanas y su sexo visibles; está sobre el camino, tal como Huatyacuri la puso. Y le ofrendan coca, hoy mismo, sí, por cualquier motivo.

Mientras tanto, el hombre convertido en venado escaló la montaña y desapareció. Luego, se convirtió en devorador de seres humanos, y así fue en la antigüedad. Mucho después, se multiplicaron estos venados; aumentaron tanto hasta que, cierta vez, se reunieron para acordar de qué modo devorarían a los hombres, entonces, una cría se equivocó y dijo: "¿Cómo nos han de comer los hombres?", al oír estas palabras, los venados sintieron temor y se dispersaron. Desde entonces se convirtieron en comida humana.

Cuando ya concluyó la historia que hasta aquí hemos narrado, de los cinco huevos que el dicho Pariacaca puso en la montaña volaron cinco halcones. Esos cinco halcones se convirtieron en hombres y se echaron a andar. Y como escucharon tanto de las cosas que habían hecho los hombres, y cómo diciendo: "soy *dios*" se hicieron adorar, enfurecidos por ésta y otras culpas, se alzaron convertidos en lluvia y arrastraron al mar todas las casas, las llamas, sin permitir que ni un solo pueblo se salvara. Y después de ese tiempo, del cerro Llantapa surgió un árbol llamado Pullao y se trabó en lucha con la otra montaña de nombre Huicho. Pullao era como un arco gigante, y sobre él estaban refugiados los monos, los pájaros, el caqui, todas las aves. Con todos estos animales, la montaña se fue al mar, desapareció. Y cuando todo hubo acabado, Pariacaca, el que está arriba, y al cual llamamos Pariacaca, subió al sitio en donde se encuentra. De cómo subió hasta el sitio en donde ahora se encuentra hablaremos en el siguiente *capítulo.*

CAPÍTULO 6

"Cómo Pariacaca nació cinco alcones y después tornó en personas y cómo estando ya vencedor de todos los yuncas de Anchicocha empezó a caminar al dicho Pariacaca y lo que sucedió por los caminos"

Cuando ya Pariacaca tomó figura humana y hubo crecido, se hizo grande, empezó a buscar a su *enemigo.* El nombre de su enemigo era Huallallo Carhuincho, devorador de hombres. En adelante, nos ocuparemos de la lucha de ambos, porque ya hemos hablado de cómo fue la vida de ese Huallallo Carhuincho, de cuántas cosas hizo, de cómo devoraba a la gente; ahora vamos a hablar de los sucesos que ocurrieron en los alrededores de Huarochirí. Tales sucesos se realizaron como lo vamos a contar en seguida:

Cuando Pariacaca tomó ya la figura humana, cuando era ya hombre grande, se dirigió hacia el Pariacaca de arriba, al sitio que habitaba Huallallo Carhuincho. En ese tiempo, en una estrecha quebrada que había muy abajo de Huarochirí, existía un pueblo yunca; se llamaba Huayquihusa. Los hombres de ese pueblo celebraban una gran *fiesta;* era día de bebida grande. Y cuando estaban bebiendo, así, en grande, Pariacaca llegó a ese pueblo. Pero no se dio a conocer; se sentó en un extremo del sitio que ocupaba la concurrencia, como si fuera un hombre muy pobre. Y como se sentó de ese modo, en todo el día, ni una sola persona le convidó nada. Una mujer común se dio cuenta del aislamiento en que estuvo Pariacaca: "¿Cómo es posible que a este pobre hombre no le hayan invitado nada?", diciendo, le llevó chicha en un mate grande, blanco. Entonces él le dijo: "Hermana: eres bienaventurada por haberme servido esta chicha; de hoy a cinco días más, no sabes todo lo que ocurrirá en este pueblo. Por eso, aquel día, tú no debes estar aquí; no sea que confundiéndote a ti y a tus hijos con los otros, les pueda matar yo mismo. Estos hombres me han causado ira", y siguió hablándole: "No has de comunicar nada de lo que te digo a estos hombres, porque si algo les dijeras, a ti también te mataré." Obedeciendo la advertencia, esa mujer se retiró del pueblo antes del quinto día, en compañía de sus hijos y de sus hermanos. Mientras tanto, los hombres del pueblo siguieron bebiendo sin temor ni pena.

Al mismo tiempo, el tal llamado Pariacaca subió hasta una montaña que está en la parte alta de Huarochirí. Esa montaña se llama ahora "Macacoto" y el otro cerro, próximo, se llama "Puypuhuana". Y así, la ruta que seguimos para bajar a Huarochirí se llama del mismo modo que los cerros. En esa montaña, Pariacaca empezó a crecer, y haciendo caer huevos de nieve [granizo] roja y amarilla, arrastró a los hombres del pueblo y a todas sus casas hasta el mar, sin *perdonar* a uno solo de los otros pueblos. Fue entonces que las aguas, corriendo en avalanchas, formaron las quebradas que existen en las alturas de Huarochirí. Y cuando desapareció todo, algunos de los hombres del pueblo [de Huayquihuso] bajaron a la zona caliente [yuncacuna], silenciosamente, sin hablar y sin que nadie los advirtiera. Se fueron hasta las chacras de Cupara. Y allí, los que habitaban ese pueblo Cupara, padeciendo de la sequedad de la tierra, sobrevivieron llevando agua de un manantial. El manantial salía de una montaña grande que está hacia arriba de *San Lorenzo*. Esa montaña, ahora, se llama Sunacaca. Allí había una laguna grande. De ella guiaban el agua hasta otras lagunas pequeñas, y llenándolas, se surtían de agua para regar.

En aquel tiempo, vivía una mujer muy hermosa en el pueblo del que hablamos; ella se llamaba Chuquisuso. Un día regaba, llorando, su campo de maíz; lloraba porque la poquísima agua no alcanzaba a mojar la tierra seca. Entonces Pariacaca bajó, y con su manto tapó la bocatoma de la laguna pequeña. La mujer lloró más dolorosamente, viendo que la poquísima agua desaparecía. Así la encontró Pariacaca, y le preguntó: "Hermana: ¿por qué sufres?" Y ella le contestó: "Mi campo de maíz muere de sed." "No sufras —le dijo Pariacaca—. Yo haré que venga mucha agua de la laguna que tienen ustedes en la altura; pero acepta dormir antes conmigo." "Haz venir el agua, primero. Cuando mi campo de maíz esté regado, dormiré contigo", le contestó ella. "Está bien", aceptó Pariacaca; e hizo que viniera mucha agua. La mujer, feliz, regó todos los campos, no sólo el suyo. Y cuando acabó de regar los sembrados, "Ahora, vamos a dormir", le dijo Pariacaca. "Todavía no, pasado mañana", le dijo ella. Y como Pariacaca la amaba mucho, le *prometió* de todo, porque deseaba dormir con ella. "Voy a convertir estos campos en tierra con riego, con agua que vendrá del río", le dijo. "Haz primero esa obra, después dormiré contigo", dijo ella. "Está bien", contestó Pariacaca y aceptó.

En ese tiempo, los pueblos yuncas tenían, para regar sus tierras, un acueducto muy pequeño que salía de una quebrada que se llamaba Cocochalla y que estaba un poco arriba de *San Lorenzo*. Pariacaca convirtió ese acueducto en una acequia ancha, con mucha agua, y la hizo llegar hasta las chacras de los hombres de Huracupara. Los pumas, los zorros, las serpientes, los pájaros de toda clase, barrieron el piso del acueducto, lo hicieron ellos. Y para hacer el trabajo, todos los animales se organizaron: "¿Quién va a guiar la faena, quién ha de ir por delante?", dijeron. Y todos quisieron ser los guías. "Yo, antes que todos", "Yo", "Yo", reclamaban. Ganó el zorro. "Yo soy el curaca; yo voy a ir por delante", dijo. Y comenzó el trabajo, encabezando a los otros animales. El zorro guiaba la obra, los otros le seguían. Y cuando iba avanzando el trabajo, por encima de *San Lorenzo,* en un cerro, de repente se echó a volar una perdiz. Saltó: "¡Pisc, pisc!", gritando. El zorro quedó aturdido; "¡Huac!", diciendo, se cayó; rodó hacia abajo. Los otros animales se enfurecieron e hicieron subir a la serpiente. Dicen que si el zorro no se hubiera caído, el acueducto hubiera seguido por una ruta más alta; ahora pasa un poco por debajo. Y aún se ve muy claro dónde cayó el zorro; el agua baja por allí mismo.

Cuando el acueducto estuvo concluido, Pariacaca le dijo a la mujer: "Vamos a dormir." Pero ella contestó: "Subamos hacia los precipicios altos; allí dormiremos." Y así fue. Durmieron sobre un precipicio que se llama Yanaccacca. Y cuando ya hubieron dormido juntos, la mujer le dijo a Pariacaca: "Vamos a cualquier sitio, los dos." "Vamos", respondió él. Y se llevó a la mujer hasta la bocatoma del acueducto de Cocochalla. Cuando llegaron al sitio, esa mujer llamada Chuquisuso dijo: "Voy a quedarme en el borde de este acueducto", e inmediatamente, se convirtió en yerta piedra. Pariacaca siguió cuesta arriba, siguió caminando hacia arriba. Pero de este suceso hablaremos después. En la bocatoma de la laguna, sobre el acueducto, una mujer de helada piedra está; ella es la que se llamaba Chuquisuso. Y cuando hicieron otro acueducto, por una zona más alta, también en ese tiempo y en ese lugar llamado Huinconpa, está ahora Cuniraya, helado e inerte. Allí fue donde Cuniraya acabó. Pero de todo lo que hizo antes hemos de hablar en los *capítulos* siguientes.

CAPÍTULO 7

Cómo los Cuparas adoran a esa mujer llamada Chuquisuso

El ayllu que se llamaba Cupara forma parte de la *reducción* de *San Lorenzo* de Quinti. Existe hasta ahora. De este ayllu se formó otro llamado Chahuincho; Chuquisuso pertenecía a la parte del antiguo ayllu que ahora es Chahuincho. Por eso, los habitantes de este ayllu limpian el acueducto conforme lo hacían en la antigüedad, en el mes de *mayo*. En esa ocasión todos, toda la gente, iba hasta la piedra en que se convirtió Chuquisuso. Llevaban chicha, una clase de comida que se llama ticti y cuyes y llamas para adorar a esa mujer demonio. Concluida la ceremonia, se encerraban en un cerro de troncos de quishuar, y desde allí saludaban a Chuquisuso durante cinco días, sin moverse. Después de esta adoración limpiaban el acueducto. Concluida la limpieza de la acequia, la gente bajaba al pueblo cantando y bailando. Con mucho respeto y temor traían una mujer, y decían: "Ésta es Chuquisuso" y se rendían ante ella como si fuera la misma a quien representaba. Algunos la adoraban con todo lo que podían. Y así, bebían y cantaban durante toda la noche y celebraban una *fiesta* muy grande. Desde entonces, aun cuando vivía el antiguo y poderoso don *Sebastián*, en el día de *Corpus* y en la *Pascua* grande: "Soy Chuquisuso" diciendo, una mujer servía chicha en una vasija de gran tamaño y, con un poto* también grande servía a toda la gente,

* Mate o vasija de calabaza.

de un extremo a otro: "Es la chicha de nuestra madre", decía. Ella misma, también, entregaba a cada persona una porción de maíz tostado que llevaba en un gran mate. Cuando se había concluido de limpiar la acequia, los hombres se *convidaban* unos a otros, maíz, porotos, toda cosa buena.

Y como crecían en esas costumbres, todos los hombres: "Ya está limpio el acueducto de Chuquisuso" diciendo, iban de Huarochirí y de todos los pueblos a ver la acequia. Del mismo modo, aún ahora, cuando han concluido de limpiar la acequia, todo cuanto presienten que deben hacer, hacen, adoran [a la acequia]. Los *alcaldes* y otra clase de personas no los atajan de hacer estas costumbres; no les dicen: "Sin razón alguna adoran." Siguen festeáando la limpieza de la acequia *porque* los vence el deseo de cantar y beber con los demás, hasta embriagarse. "He limpiado la acequia, sólo por eso voy a beber, voy a cantar", dicen, mienten al padre.

Y esto, de hacer, lo hacen los hombres de todas partes. Pero algunos, cuando tienen un buen sacerdote, lo olvidan; y otros, adoran y beben a escondidas. Y así, de este modo, viven hasta hoy.

CAPÍTULO 8

Cómo ascendió Pariacaca; cómo un hombre, con su lanza, volvió hasta la boca de Pariacaca y luego, cómo Pariacaca se encontró con Huallallo Carhuincho

Ya hemos hablado de la existencia de Huallallo Carhuincho, pero no hemos dicho nada de cómo vivió y construyó su pueblo. En tiempos antiguos, él habitó en el llamado Pariacaca de arriba. Cómo estuvo allí, exactamente no lo sabemos, ni en qué sitio. Ahora se entiende que fue en la laguna llamada Mullococha. *Porque,* cuando Huallallo se convirtió en fuego llameante para luchar con Pariacaca, Pariacaca lo venció e hizo de aquella zona una laguna, que ahora se llama Mullococha. En esa zona que llamamos Mullococha dicen que vivió Huallallo. Entonces toda esa parte tenía muchas tierras cálidas, estaba poblada de grandes serpientes, caques y toda clase de *animales;* cuando Huallallo vivía allí, la tierra estaba cargada de estos animales. Así como en un *capítulo* anterior hablamos de cómo existieron hombres antropófagos y cómo era la tierra entonces, así fue el sitio en que habitaba Huallallo. Después, cuando Pariacaca derrotó a Huallallo Carhuincho, en la cima de Ocsa se fundieron los cinco [en uno, los cinco halcones convertidos en hombres]. Y apenas se fundieron, la tierra se enfrió y empezó a caer granizo, mientras él [Pariacaca] se regocigaba.

En ese momento, vino un hombre llorando intensamente; traía a su hijo; llevaba también mullo,* coca y un potaje selecto llamado ticti, "Para que los tome Huallallo", decía. Uno de los cuerpos de Pariacaca le preguntó: "Hijo, ¿adónde vas llorando tan tristemente?" Entonces el hombre contestó: "Padre: llevo este hijo mío, tan amado, para servírselo a Huallallo." Luego de oírlo, Pariacaca le dijo: "No lo lleves, hijo. Vuelve a tu pueblo. Dame a mí las otras ofrendas y vuelve con tu hijo a tu pueblo. Cinco días después, regresa nuevamente aquí para que veas cómo lucho. Si me ves vencer bien, 'Ha vencido nuestro padre', me dirás. [Huallallo] ha de pretender derrotarme con un gran fuego; y, si con la fuerza del fuego me derrotara, tú dirás: 'Ha concluido la lucha', me hablarás."

Y el hombre, ese hombre, preguntó muy atemorizado: "¿No se enfurecerá contra mí Huallallo Carhuincho?" "No importa que se enfurezca; no podrá hacerte nada. No ha vencido aún. Yo he de crear otro hombre, que tenga 'ami' y que tenga 'llata', otra mujer que tenga 'añasi'** he de crear, otra mujer y otro hombre. Así he de ordenar", dijo. Y mientras hablaba, brotaba de su boca el aliento y una especie de vapor azulado.

El hombre, muy atemorizado, entregó a Pariacaca todas las ofrendas. Y los cinco devoraron los corales y trozos de conchas, rechinando los dientes. El hombre regresó a su pueblo llevándose a su hijo. Y, transcurridos los cinco días, cumplió la orden de Pariacaca y volvió. "Iré a ver", dijo. Ya habían transcurrido los cinco días; empezaba la lucha de Pariacaca contra Huallallo Carhuincho. Se cumplía el pronóstico. Como Pariacaca estaba formado por cinco hombres, desde cinco direcciones hizo caer torrentes de lluvia; esa lluvia era amarilla y roja; después, de las mismas cinco direcciones em-

* Conchas marinas molidas, coral.
** Palabras que no he podido traducir.

pezaron a salir rayos; pero, desde el amanacer hasta la tarde, Huallallo Carhuincho permaneció vivo, como fuego inmenso que ardía y alcanzaba hasta el cielo; no se dejó matar. Mientras tanto, las aguas que Pariacaca hizo llover se precipitaron hacia abajo, a una laguna, en avalancha toda el agua. Y como el agua iba a desbordarse, algunos hombres de abajo, de Llacsachurapa, derribando una montaña, contuvieron el agua. Así contenida el agua formó una laguna que es la actual llamada Mullococha. Y cuando las aguas llenaron el lago, Pariacaca apagó el inmenso fuego y siguió lanzándole rayos sin descanso. Entonces Huallallo Carhuincho huyó hacia la región que se llama Anti. Uno de los hijos de Pariacaca persiguió al fugitivo; se quedó a la entrada de la región de Anti, y hasta ahora está allí: "No vaya a volver", pensando, sigue allí, vigilante, hasta ahora. Su nombre es Sulluyallap.

Ya vencedor, Pariacaca supo que había una mujer llamada Manañamca. Era demonio y había vivido con Huallallo Carhuincho. Se encontraba, entonces, en la parte baja de Mama, en algún lugar de esos sitios. Pariacaca fue hacia abajo de Tumna, a luchar contra la mujer. Ella empezó a arder como fuego, y desde el lugar en que estaba, hacia abajo, lanzó ¿una piedra? e hirió en el pie a uno de los hijos de Pariacaca llamado Chuquihuampo. Y ocurrido esto, Pariacaca venció a la mujer y la arrojó en dirección del mar. Le costó padecimientos vencerla. Y fue, después, hacia el sitio en que estaba su hijo Chuquihuampo. Tenía la pierna quebrada. Pero él le dijo a su padre: "No es conveniente que yo vuelva. Desde aquí vigilaré a esa mujer Manañamca. Puede ser que pretenda regresar." "Está bien", respondió el padre. Y dio órdenes para que el hijo tuviera siempre comida, luego dijo: "Todos los hombres de estas dos quebradas te traerán coca, tú masticarás coca antes que nadie lo haga; y cuando la hayas probado, después que tú, podrán hacerlo los otros. Además, degollarán para ti llamas viñayrrua que aún no hayan parido, y también te ofrecerán trozos de orejas que han de cortarles; todas estas cosas comerás por siempre." Así ordenó, mandó que se hiciera. Y recordando y cumpliendo lo que él dispuso, le llevan coca, antes de probarla, a él primero, desde Sacica, desde Sontoya, desde Chichima, desde Mama, desde Huayocalla, desde Sucyacancha. Le llevan hasta en estos tiempos, aunque ahora escondiéndose. Y así, de ese modo viven.

CAPÍTULO 9

Cómo Pariacaca, cuando hubo concluido de hacer todo, empezó a dar instrucciones para ser adorado

Ya hemos concluido de hablar de las hazañas que en todas partes hizo pero no hemos dicho nada de la vida de Huallallo Carhuincho después que Pariacaca lo *sentenció*. Cuando Huallallo, de vencedor, cayó vencido y huyó, fue *sentenciado* por [Pariacaca] a comer perros, por haber sido antes devorador de hombres. También ordenó que los huancas le adoraran; y, como su *dios* comía perros, también los huancas le ofrendaban estos animales y ellos mismos se alimentaban de perros. Y es esa la razón de por qué hasta ahora a los huancas los llamamos comeperros.

Luego, como ya dijimos en el *capítulo* anterior, todos los pueblos de que hemos hablado, los que forman el conjunto de pueblos de la *provincia* de Huarochirí y también de la *provincia* de Chaclla Mama, tenían yuncas. [Pariacaca] los empujó hacia abajo: "Aquí han de habitar mis hijos", dijo, señalando. Éstos [los hijos de Pariacaca], vencedores, eran cada uno, a solas, hijos de Pariacaca. Pero el hijo único era uno; otros dicen: "De él eran todos, nacieron del fruto del árbol."

Empezando por el *mayor,* los nombres de esos hijos eran como sigue: Chucpaico, Chancharuna, Huariruna, Utcochuco, Tutayquiri, Huarquinri, Hasenmale. Todos éstos vencieron a los yuncas. Después, salió de la tierra un hijo de Pariacaca, y su nombre fue Pachachayro.

En el *capítulo* anterior olvidamos de hablar de las hazañas que hizo; más adelante las vamos a contar.

Así, los personajes de que hablamos vencieron a los yuncas, los empujaron; y por eso, olvidando a su *dios* antiguo, empezaron a adorar a Pariacaca, todos. Esos yuncas habitaron, de veras, en un pueblo de los Checas, llamado Colli. Nombrar todos sus pueblos y decir lo que hicieron, cómo vivieron, sería difícil. Vamos a relatar algunos casos, vamos a referirnos a ellos en seguida, *porque* la vida de todos los yuncas era una sola.

Este Pariacaca, apenas empezó a vencer en la parte alta, y donde quiera que lo hizo, inmediatamente habitó esa tierra; también dio órdenes para ser adorado, señaló cómo debía adorársele. En todos los pueblos impuso la misma forma de la adoración que decimos. Así era: de todos los que somos como un solo hijo [ayllu, linaje o familia] escogía a uno y a ése le ordenaba, a él, a solas: "Tú, recordando mi vida, siguiéndola, celebrarás cada año una *pascua*." Los nombres de los elegidos eran huacasa. "Estos huacasas cantarán y bailarán tres veces en el año, trayendo [¿cargando?] coca en un saco muy grande" [dijo Pariacaca]. Para elegir estos antiguos huacasas, los hombres [actuales] hacen una prueba:

Un hombre del ayllu de Cacasica —en donde desde tiempos antiguos saben la razón de ser de esta prueba y, por eso, son *maestros*, uno o dos de ellos, a quienes se les denomina Yañca en todos los pueblos—, él, desde un muro bien construido, mira el caminar del sol, y en cuanto el sol llega al muro, vocea a la gente y les dice si deben ir ese día o al día siguiente. Y siguiendo al Yañca los hombres van a adorar a Pariacaca.

Antiguamente iban hasta el mismo Pariacaca; ahora dicen que van los Checa sólo hasta el cerro llamado Incacaya, y desde allí lo adoran. Yncacaya se une con otra montaña, Huallquiri, que se alza arriba de la Casa Abandonada; en ese sitio se reúne toda la gente, ahora, hombres y mujeres. Y, para escalar el cerro, obedecen la voz del Yañca que dice: "Yo llegaré primero a la cabeza [de la montaña]." Y compiten en la carrera, tratan de ganarse unos a otros arreando a las llamas del cerro; los hombres muy importantes también avivan la marcha detrás de las llamas pequeñas. La llama que llegaba primero a la cima de la montaña era muy estimada por Pariacaca. A este cerro [Huallquiri], en tiempos antiguos, el mismo Pariacaca le puso el nombre: "Ha de tener este nombre" diciendo. Y al [hombre] que tenía la llamita pequeña [y había llegado primero] el Yañca le decía: "Éste que tiene la llama es feliz, tiene gran alegría; es amado por Pariacaca." Y éste era especialmente distinguido y bien mirado por todos. Esta ceremonia de adoración era llamada Auquisma y la adoración a Chaupiñamca, Chaucosma. De esta última hablaremos más adelante. "La fiesta de Auquisma caía más o menos en *junio*", diciendo o calculando, quizá, la hicieron coincidir con la *Pascua*.

En esa fecha, los huacasas de los que hemos hablado bailan y cantan cuando son diez o cuando son veinte. Pero estos cantos los entonan y bailan sin la vigilancia de los Padres, y sin convidarse bebidas. Si alguien muere después de haber rechazado [de su propia voluntad, el canto] dicen que ha muerto a causa de esta culpa. Por eso, a todos los hombres les hacen cantar y bailar desde que son niños, los hacen competir [entre ellos]. Pero a los hombres de Surco les hacen cantar y bailar huayllas*

Cuando un hombre se casa con una mujer del pueblo de Surco, y canta y baila el huayllas, aun cuando

* Danza y canto actual de cosecha en el valle del Mantaro.

el hombre sea *forastero,* no le quitan las chacras; por el contrario, lo ensalzan y auxilian. Todos los que van de Surco a Suquiacancha a comprar coca: "Soy huacas, madre, dame una yapa", dice, y así compra. Esta fiesta, que ahora la juntan con la *Pascua cristiana* más grande, la cantan y bailan mejor que en todos los pueblos estos hombres de Surco. Y por celebrarlo de tal manera, el *padre* [cura católico del pueblo] pide gallinas, maíz, todo cuanto elige, a la gente del pueblo, y ellos lo obsequian con mucha alegría. Asimismo celebran la *pascua* [fiesta] de Chaupiñamca estos huacasas, cantan y bailan. Y dicen que coincide con la fecha del *Corpus.* De cómo es esta fiesta y en qué sitio la hacen y cómo los hombres la celebran, hablaremos más adelante, en un *capítulo.*

Ahora, volvamos a ocuparnos de la vida de Pariacaca. Qué cosas y cómo hacían su *pascua* [fiesta] en esos tiempos. Para hablar de eso, ha de ser lo que nuestra boca diga a continuación:

Cuando ya estaba próximo [el día] de la adoración de Pariacaca, todos los que habían tenido muertos durante el año, hombres y mujeres, se reunían una noche, y esa noche lloraban y llamaban: "He aquí que hemos de ver a nuestros muertos delante de Pariacaca", decían. Y esos muertos también llamaban. "Allí hemos de hacer que les alcancen" diciendo, les servían comida, y sirviéndoles y haciéndoles comer, pasaban la noche. "Ahora he de conducirlos ante Pariacaca para siempre; jamás volverá" diciendo, depositaban las ofrendas. Adoraban ofreciendo una cría de llama y, si no la tenían, llevando una gran bolsa de coca. Examinaban el corazón de la llama; si la encontraban bien, decían: "Está bien"; y si no la encontraban bien: "No está correcto, eres pecador, hasta tu muerte ha ofendido a Pariacaca. Pide *perdón* por esta culpa, no sea que nuevamente el pecado vuelva hacia ti", decían: así decían los Yañca. Y luego que concluían todas estas ceremonias, los yañca se llevaban las cabezas y también los lomos de las llamas, aunque fueran varios miles: "Es lo que valgo" afirmaban.

Los que hemos llamado huacasas cantaban tres veces al año y concluían de ser tales el último día. Y para que entraran otros nuevos se procedía [a la elección] antes de que se realizara el último baile y canto. Todos en Llacsatambo, asimismo los Concha, estaban al centro de una pampa. Llevaban una flor, el ala del huacamayo, o cualquier otra parte de esta ave al que llamaban puypu. Colocaban esas cosas sobre una piedra, en medio de la pampa [¿plaza?] de Llacsatambo. Y ya colocadas, toda la gente se reunía allí donde está la *cruz*, y pasaban la noche entera diciendo: "Si será bueno este año para mí." Al día siguiente empezaban una visita a todos los pueblos, y también al cerro Machaco y a Chaucallama y también a Quemquellama; caminaban durante cinco días. Al término de los cinco días, todos los huacasas cantaban, llevando sus bolsas especiales llenas de coca. Ese mismo día, al amanecer, en Llacsatambo, adoraban al supay [diablo] hasta con una llama. Y aun ahora, en todos los pueblos hacen las mismas ceremonias. Quizá, ahora, puedan olvidarlas; está aquí sólo este escaso año, el *doctor Francisco de Ávila* que tiene mucha sabiduría y buen entendimiento. Pero así y todo, acaso no pueda llegar hasta el corazón lo que él diga. Ya tuvieron otro *padre* [sacerdote] y quizá [todos] simulen igual que algunos que se mostraban como *cristianos* sólo por temor; "No sea que el *padre* o alguien descubra que no soy bueno [cristiano]" decían ésos y, aunque *rezaban el rosario,* encargaban a otros, les rogaban que cumplieran por ellos las adoraciones antiguas. Esto hacían por temor, y así viven.

Del mismo modo como hemos narrado [estas ceremonias], la gente de Concha cumple con celebrarlas en el tiempo que corresponde a la fiesta de Pariacaca, en un cerro llamado Huaycho. Todo cuanto hacen los huacasas y Checas, ellos hacen: cantan, bailan, y también los de Sunicancha, en ese cerro ya nombrado, adoraban a Pariacaca, en su tiempo. Y los hombres de *Santa Ana* y los que están en *San Francisco,* todos los que son llamados Chaucauric, se dirigen por donde bajamos al río Aparhuayqui, por el cerro que se denomina Acusica; y desde allí adoran a Pariacaca, en su tiempo. Y para estas ceremonias no pueden debilitarse. Algunos la funden con la *pascua* grande, otros con el *Espíritu Santo.* Y cuando para las celebraciones estas se ausenta el cura hacia Lima, ellos se regocijan mucho. Y es gran verdad lo que digo.

Todo cuanto hemos relatado de la adoración a Pariacaca en los cerros, comenzó desde la llegada o la aparición de los huiracochas [españoles] pues, desde entonces simularon ser algo como piedras; antes de ellos, todos los hombres de todas partes iban hasta el mismo Pariacaca; los yuncas también iban, desde los Colli, desde los Carahuaillo, los Ruricancha, los de Latim, Huancho, Huilla, los de Riacha, Yañac, Chichimama, Mama, de todos los yuncas; desde ése [¿lugar?] llamado Hucmayo, desde allí también los de Casicaya; y los Pachacamas también; y desde allí, Caringa y los Chilcas; y desde allí, los hombres que viven en el río Huarochirí, hacia abajo; de sitios muy lejanos, de unas y otras zonas yuncas, de todas, venían, con su ticti [potaje de comida], con su coca, con todas las cosas que debían ofrendarse durante la adoración, llegaban hasta el mismo Pariacaca [la montaña]. Y cuando regresaban a sus pueblos, los recibían, en cada uno, toda la gente reunida. Los esperaban para preguntarles: "¿Cómo está nuestro padre Pariacaca? ¿Está tranquilo? ¿No está enojado?" Y luego, muy regocijados, cantaban y bailaban, durante cinco días, *hasta* la consunción; no sabemos cuántos días vivían de esa manera.

Este culto, esta adoración, así como la hemos narrado, ya no la hacen los yuncas ahora; pero todos ellos, a escondidas, cumplen con las ceremonias; porque si faltan, dicen que se tornan estériles, y así dicen de los que viven montaraces: "Ellos viven nuestra antigua vida, y por ser de ese modo ellos se multiplican, son fértiles."

CAPÍTULO 10

Cómo era Chupiñamca, dónde vivía, de qué modo se hacía adorar

Ya, sí, hemos concluido de contar la vida de Pariacaca; pero no hemos hablado de cuanto hicieron su hijos a quienes hemos nombrado en el *capítulo* nueve. En adelante, vamos a ocuparnos de lo que cada uno de los hijos de Pariacaca hizo separadamente y de cómo vencieron a estos pueblos que hemos llamado yuncas. Ahora vamos a escribir acerca de cómo fue Chaupiñamca.

Esta llamada Chaupiñamca fue hija de un hombre poderoso, de Anchicocha, y que se llamaba Tamtañamca; fue mujer del pobre hombre sin tierras llamado Huatyacuri. De esa historia ya hablamos en el *capítulo* quinto. Chaupiñamca tuvo cinco hermanas; ella fue la mayor. Obedeciendo un mandato de Pariacaca, bajó a vivir a Mama. Y así, esta llamada Mamañamca iba diciendo: "Yo soy la que creo [de crear] a los hombres." Algunos dicen ahora, de Chaupiñamca, que fue hermana de Pariacaca; y ella misma, cuando hablaba, decía: "Pariacaca es mi hermano."

Chaupiñamca era una piedra yerta con cinco alas. Para adorarla hacían igual que con Pariacaca: corrían en competencia hacia la montaña, arreando a sus llamas o cualquier otro animal; si alguna llama iba hacia Pariacaca por sí misma, ella guiaba [a todos]. Cuando la piedra de cinco alas que era Chaupiñamca apareció ante la vista de los viracochas [españoles], éstos la hicieron enterrar, por ahí, en el corral de *caballos* del cura de Mama. Dicen que hasta ahora se encuentra en ese lugar, bajo la tierra. Creen que esta Chaupiñamca era madre de todos los hombres de todas partes; ahora aseguran que es la madre del pueblo de *San Pedro*.

Dicen que esta mujer, en tiempos antiguos, caminaba con figura humana y pecaba [relaciones sexuales] con todos los huacas, y no tenía en cuenta a ningún hombre de los pueblos, no decía de ellos: "Éste es bueno." Entonces hubo un hombre huaca sobre el cerro Mama; se llamaba Runacoto. Ante Runacoto iban los hombres que tenían el miembro viril corto y le pedían que se los hiciera crecer. En cierta oportunidad, Chaupiñamca tuvo relaciones con Runacoto y éste la satisfizo mucho con su miembro viril grande. Y por eso ella lo prefirió entre todos los huacas y vivió con él para siempre; vivieron convertidos en piedra en ese lugar llamado Mama.

En seguida vamos a hablar de las hermanas de Chaupiñamca que hemos nombrado: la *mayor* de todas era Chaupiñamca, la seguía Llacsahuato, a ésta la seguía Mirauhuato, y luego Urpayhuacha. No sabemos cuál fue la más estimada, pero eran cinco y cuando los hombres deseaban consultarles algo, cualquiera de ellas decía: "Tengo que hablar primero con mis hermanas."

La fiesta de Chaupiñamca la celebran ahora en *junio,* la han hecho coincidir con el día de *Corpus Christi.* Antes la fijaba el Yañca de que hemos hablado. Regresaba, luego de haber contemplado el sol, decía: "Tal día mismo ha de ser."

En el *capítulo* noveno hablamos de cómo bailaban en el año los huacasas, pero no hemos nombrado esos cantos y bailes, qué cantaban en cada una de las tres veces que debían hacerlo al año. Así era: en el antiguo día llamado Auquisma, celebraban la pascua de Pariacaca: luego cantaban en el turno de Chaupiñamca; después, en el mes de *noviembre,* juntándolo con la *fiesta* de *San*

Andrés, bailaban un baile y canto especial llamado chanco. Esta danza y canto vamos a describirlos con cuidado más adelante. Ahora, volvamos a la *pascua* de Chaupiñamca. La celebraban los huacasas cantando y bailando durante cinco días; llevaban colgadas del cuerpo sus bolsas de coca. De los demás hombres, aquellos que tenían llamas, llevaban pumas y bailaban y cantaban; los que no tenían llamas lo hacían así nomás, solos. Quienes llevaban pumas decían: "Ahora él [¿la tierra?] madura." Ese canto se llama: "huancay cocha." Otros cantos llamados ayño también cantaban y bailaban, y el canto llamado "Casayaco." Cuando cantaban y bailaban el "casayaco", Chaupiñamca se alegraba especialmente, *porque* para danzarlo se quitaban los vestidos y se cubrían sólo con parte de los trajes; lo vergonzoso de cada hombre [el sexo] lo cubrían con un paño corto de algodón. Cantando y bailando [el casayaco] decían: "Chaupiñamca se regocija mucho viendo la parte vergonzosa de cada uno de nosotros." Y cuando cantaban y bailaban esta danza, comenzaba la maduración del mundo. Todas estas cosas hacían en esa *pascua* [de Chaupiñamca].

CAPÍTULO 11

Cómo cantaban y bailaban la danza que hemos dicho que se llamaba chanco. Hablando de este baile nos referiremos también a Tutayquiri, hijo de Pariacaca. Los sucesos fueron como sigue:

Ya, sí, repetimos, en el *capítulo* nueve, los nombres de los hijos de Pariacaca, pero no hablamos de la vida particular de cada uno de ellos. Aquí vamos a narrar las victorias de uno de ellos, de Tutayquiri. En la fiesta dedicada a él se bailaba y cantaba la danza chanco que ya nombramos. Este Tutayquiri era hijo de Pariacaca. Entonces, en los tiempos antiguos, los Checa también eran Quintes, eran hermanos menores de los Quintes y, por eso, los odiaban mucho, por haber sido formados después.

Y así, un día, Tutayquiri diciendo, dijo: "No tengáis pena, hijos, aun cuando hablen [las peores cosas] de vosotros; que os estén odiando, no importa. Después, los Checa vencerán y tendréis el nombre de villca [Willca, nombre antiguo del sol, cosa sagrada], y quienes ahora sienten rencor por vosotros, a estos quintecitos, toda la gente los mirará con *menosprecio;* huaccha [Wakcha, miserable, hombre que no tiene bienes] los llamarán." Eso dijo, y pocos días después, poniéndose de acuerdo con una parte de sus hermanos, este Tutayquiri empezó a atacar a los yuncas de Llacsatambo. Estos yuncas que habían oído las palabras de Tutayquiri, se espantaron y decidieron huir más abajo del pueblo llamado Colli. Estos Collis están junto a los Carahuayllos, y los muertos [de ambos pueblos] son puestos hasta ahora en el antiguo pueblo [¿de Checa?], en la casa de los muertos.

Después, Tutayquiri bajó a las quebradas de Sisicaya y Mama. Como lluvia roja y lluvia amarilla caminó; entonces, los hombres, algunos, en sus propios pueblos, lo esperaron para adorarlo. Él, Tutayquiri, no despreció a ninguno; se apresuró a sentarse para que en él conocieran a su padre. Desde entonces tratan a los Checas como si fueran sus hermanos: "Éstos son nuestros hermanos menores", dicen. Y, también, hasta el momento en que escribimos para contar estas cosas, los habitantes de *San Pedro* de Mama dicen [¿de los Checas?]: "Soy quien te harta, soy tu pueblo". Los Checas consideraron, igualmente, como a sus hermanos a los de Allauca, hasta a los de Huichu; y de ese modo vivieron.

Y así, estos Checas recuerdan a Tutayquiri: "Yo camino por donde anduvo la fuerza del él", dicen todos los hombres de todos los pueblos y salen a cazar, a hacer el chaco en el mes de *noviembre*. En esa ocasión piden que haya lluvia. "Ha de llover del mundo", exclaman. Celebrando la memoria de la fuerza de Tutayquiri salen a hacer el chaco [caza] todos, los que son huacasas y los hombres comunes. En un lugar llamado Mayani, más arriba de Tupicocha, subían a adorar.

Y en el día de la caza, si atrapaban a un huanaco o si atrapaban un venado y cualquier otro animal que cazaran, quien lo cazaba lo entregaba al huacasa de su ayllu, si su ayllu tenía huacasa. Antes de la entrega le arrancaba el rabo para bailar con él la danza llamada ayño. Quien no alcanzaba a atrapar ningún animal, bailando sólo el chanco, cantaba. Al día siguiente salían de Mayani hacia Tumna. Y en Huacsatambo se reunía la gente de todas partes, hombres y mujeres.

"Ha de llegar ya Tutayquiri", decían. En la plaza misma, llamada Tumna, de Huacsatambo, hay ahora unas piedras amontanadas; al llegar al centro de ese cúmulo de piedras, todos adoraban. Llegaban también hasta ese sitio los de Chauti y los de Huanri, llevando chicha, y adoraban. Y después, al día siguiente, alzando lo que podían de las presas cazadas, los huacasas, muy felices: "Ahora ya somos macayos", diciendo, muy felices, volvían a dormir en Pucuta. Al otro día llegaban a Llacsatambo. Allí, como sabían que habían de llegar, todos los que en ese pueblo se habían quedado, viejos y viejas y cualquier clase de gente, los esperaban con chicha.

Y así, cuando ya llegaban, "Vienen muy cansados", decían y arrojaban chorros de chicha, indistintamente, sobre los hombres, en el suelo y en la puerta de entrada del pueblo. Y ellos, los que habían venido desde sitios muy bajos, ponían un poco de carne en la boca de los cántaros de chicha. Y cuando concluía el recibimiento, los hombres de todas partes, reunidos y sentados en la pampa, empezaban a cantar el ayño. El conjunto de estas ceremonias se llama ahora chanco. Cumplido el chanco, hasta el mundo, "Ya" diciendo, empezaban a hacer la lluvia.

Durante el turno de este baile y ceremonias del Chanco, había en la casa del Yañca llamado Isquiyacu una especie de árbol; y de eso que hemos llamado árbol brotando, brotaba agua. Viendo esa agua, la gente decía: "Este año ha de haber buena lluvia, buena maduración." Pero si esa especie de árbol permanecía seco, exclamaban: "Este año ha de haber mucho padecimiento."

CAPÍTULO 12

Cómo los hijos de este Pariacaca empezaron a vencer todos los yuncas

Ya, sí, en estos diez *capítulos* hemos hablado de las hazañas de los hijos de Pariacaca. También hemos contado, sí, cómo todos los pueblos tenían yuncas. Ahora vamos a hablar de Chucpayco, Chancharuna, Huariruna, Utcochuco, Tutayquiri, Sasinmari, Pachachuyru; de cuáles fueron sus andanzas de todo eso.

Todos ellos, en los antiguos tiempos, anduvieron por todos los pueblos, con mucho poder, porque teniendo tantos hermanos podían ya ser fuertes. Así, este Chucpayco, como el mayor de todos, era muy reverenciado y caminaba cargado en andas.

Tutayquiri fue jefe muy poderoso porque venció a todos. Y por haber sido así, poderoso, fue el primero en derrotar a Iscamayo, del que ya hablamos. En Uncatupi, hacia la *frontera con* Pariacha, hay una montaña negra; allí, en la montaña, Tutayquiri clavó un bastón de oro. Considerando a estos yuncas como si ya fueran [¿súbditos?] y dispensándolos, dijo: "Sin que se considere que pueden dar honor a otros, estos yuncas vencerán y someterán estas zonas [las próximas a la montaña negra]." Y la montaña donde clavó el bastón se llama ahora Uncatupi Caparicaya.

Y así, los otros hermanos se pusieron en camino, subiendo de Tupicocha por el viejo camino que tomamos ahora hacia un sitio que se llama Quisquitambo y, otro, Tumnacha, por la ruta que seguimos para ir a Lima;

al llegar a esos lugares oyeron decir que Tutayquiri había vencido a todos los pueblos, y se regresaron. Desde entonces los hermanos sintieron mucho temor por Tutayquiri, porque había llegado a ser un gran jefe.

Y luego [Tutayquiri y su gente] bajaron a Huarochirí y también a Huaracaranco. Él [Tutayquiri] tomó la delantera. Entonces, esa mujer llamada Chuquisuso de la que hablamos tenía una hermana; ella, la hermana, esperó en su chacra a Tutayquiri, para hacerlo caer en la mentira. Y, mostrándole su parte vergonzosa y también los senos, le dijo: "Padre, descansa un poco; bebe siquiera algo de esta chicha, come de este potaje." Y él se quedó. Y viéndolo descansar y quedarse, unos y otros también se quedaron en aquel lugar. Por esa causa, sólo conquistaron hasta el pueblo Alloca de Abajo (Ura Alloca). Si Tutayquiri no hubiera sido engañado por esa mujer, entónces, hasta Caracu de Abajo habría pertenecido a los de Huarochirí y Quinti, todas las chacras.

De cuanto hicieron cada uno de ellos vamos a escribir más adelante.

CAPÍTULO 13

Mama

La gente de Mama cuenta de otro modo la vida de la huaca Chaupiñamca, cuando a ellos se les pregunta. Lo que dicen es como sigue:

En tiempos muy antiguos existió una huaca llamada Hananmaclla. Dicen que su esposo pudo haber sido el sol y que Pariacaca y Chaupiñamca fueron, probablemente, hijos de esta pareja. Ella, Chaupiñamca, fue creadora de gente, tanto de hombres como de mujeres, como Pariacaca.

Por ser así, creadora, los habitantes de Mama, para celebrar la *fiesta* de Chaupiñamca, le ofrendaban un poco de chicha, en la víspera de *Corpus Christi.* Después, unos y otros, llevaban animales de diferentes clases y los *sacrificaban* como ofrendas de la huaca, ponían cuyes o cualquier otro animal [¿junto a la huaca?] y de ese modo la adoraban. Para la fiesta, se reunía la gente de todas partes, hombres y mujeres, sus curacas y sus *alcaldes.* Así juntos, bailaban toda la noche hasta el amanecer, bebiendo, embriagándose; pasaban *hasta* la aurora danzando el baile llamado Ayllihua. Después [en el día] salían al campo, a la pampa, y allí ya no hacían otra cosa que beber y embriagarse. "Es la *fiesta* de nuestra madre", decían. Cuando se les pregunta: "¿Cómo celebraban la fiesta antes de la llegada de los huiracochas [españoles]?", ellos dicen: "Antes de que aparecieran los españoles bebían, cantaban y se embriagaban durante cinco días en el mes de *junio,* pero desde que los huiracochas llegaron, sólo celebran a Chaupiñamca durante la *víspera* del *Corpus.*"

Chaupiñamca tenía una *segunda* hermana que se llamaba Casallacsa; a ella la celebraban en la *víspera* [¿de la fiesta de Chaupiñamca?] y también a sus otras dos hermanas llamadas Urpayhuachac y Huichimaclla.

Los Checas dicen: "Solamente Chaupiñamca eran cinco: la *mayor* de éstas se llama Cotacha o Palltacho Chaupiñamca; a la *segunda* hermana nos hemos referido con el nombre de Copacha y era [en verdad] Llacsahuato." Dicen que Llacsahuato vive en Chellaco. La *fiesta* de Llacsahuato la celebraba la gente de Chellaco y otros [pueblos] mientras aún vivía el curaca de Casicaya, *don Diego* Chauca Guaman; hasta que *don Martín* llegó [a ser curaca]. Por eso no sabemos cómo fue esa *fiesta* ni en qué mes se hacía.

Luego existió Ampuchi o Ampuxi de la que hemos dicho que se llamaba Mirahuato. No sabemos bien nada de ella ni dónde habitó; pero la gente dice: "Ella vivía con su hermana Llacsahuato." Los hombres de Huarochirí, de estos alrededores o de cualquier sitio, iban a consultar a estas dos hermanas si enfermaban sus hijos, sus hermanos o sus padres. Un *sacerdote* de estas huacas, de quien aún se acuerdan después de que ya han transcurrido sesenta años, se llamaba Chumpiticlla; y sólo de él se acuerdan. En el tiempo de *Don Diego,* [la *sacerdotisa*] era una mujer que se llamaba Lucía.

Después de haber adorado a estas huacas, les imploraban con estas palabras: "Ah Llacsahuato, Mirahuato: tú eres la hacedora de los hombres. Tú mejor que Chaupiñamca, conoces mis culpas. Dime, ¿por qué causa estoy enfermo, por cuál culpa vivo padeciendo?" Y diciendo esta imploración volvían a adorarlas. "Ambas hermanas viven la una en la otra" afirmaban, y les rendían culto.

A estas huacas las veneraban especialmente *porque* creían que Chaupiñamca no decía a los hombres la verdad de la verdad, que a veces mentía. Por eso hablaban: "Vamos adonde nuestra madre Llacsahuato Mirahuato, oigámosle a ella, lo que diga sobre nuestras culpas, y hagamos lo que nos ordene", diciendo estas cosas se dirigían a la huaca. Y así, aun cuando celebraban en cada año la *fiesta* de Chaupiñamca, no la hacían debidamente y cuando la adoraban y ofrendaban, lo hacían más por cumplimiento, por hacer acto de presencia; unos decían "iré", otros "no iré", y procedían conforme a su voluntad, nada más.

Ahora hablemos de Sulcacha o Xulcapaya, a la que llamamos huaca Lluncunhuachac. Ésta era, sí, la cuarta hermana. Dicen que esta huaca es de la zona de Canta, pero no sabemos si los de Canta le rendían culto. Dicen que estaba algo lejos de Canta. Y la [huaca] que hemos dicho que se llamaba Añasi o Añapaya vive en el fondo del lago [¿o del mar?]. Algunos dicen: "Ella fue Cahuillaca." Otros dicen: "Es otra la que habita al borde del lago [¿o del mar?]; ésta [Añasi] vive en un abismo de rocas." Por estas razones esta huaca no tenía *sacerdote*.

Para hablar con la huaca Urpayhuachac iban muy bien diferenciados, muy distinguidos, *porque* debían hablar con ella *cara a cara,* pues la huaca no tenía cinturón. Y así, cuando regresaban de la visita: "He hablado con ella", decían, y ayunaban durante un año y no pecaban con ninguna mujer.

Todas las huacas que hemos nombrado, cada una se llamaba Ñamca. Y eran hermanas. Y así, cuando llegaban ante una u otra de ellas, exclamaban: "Ah, Ñamca, las cinco", y le contaban sus tristezas, cualquiera que fuera el pueblo donde sufrían.

Los hombres de este pueblo de Checa somos quienes

sabemos estas cosas de Chaupiñamca Llacsahuato Mirahuato Lluncuhuachac Urpayhuachac.

En los antiguos tiempos, todas las huacas que hemos nombrado, preguntaban a las personas que iban hacia ellas: "¿Vienes en nombre de tus hijos, hasta el último, en nombre de tu padre y de tu abuelo; alcanza hasta ellos tu representación?" A quien decía "No", le respondían: "Vuélvete. Escucha primero a tu hijo, el último." Y se iban y volvían; sólo entonces [ellas] contestaban de todo: "Has enojado u ofendido a éste o a aquél —les decían—; eres fornicario", o bien: "En la *fiesta* de Pariacaca pecaste con una mujer." Y de ese modo eran capaces de hablar de cuanto había. Y ordenaban: "En el río Tinco has de bañarte; vas a degollar tu llama para ofrendármela." Y todos cumplían estos mandatos con gran alegría, hacían cuanto se les indicaba. Algunos se aliviaban, otros morían, aunque todos habían cumplido hasta el fin lo ordenado.

Ya, pues, sí, hemos escuchado cómo fue la vida de las hermanas de Chaupiñamca. Pero la gente, en sus pueblos, ayllu por ayllu, cuentan de otro modo estas historias y hasta los nombres de las huacas; los hombres de Mama las pronuncian de modo distinto que los de Checa. Algunos afirman de Chaupiñamca: "Fue hermana de Pariacaca"; otros: "Dicen que fue hija de Tamtañamca." De este Tamtañamca hemos hablado, sí, en cinco *capítulos* anteriores. Algunos dicen de él: "Fue hijo del sol." Pero una afirmación como ésta no es para que la podamos creer.

CAPÍTULO 14

En el capítulo anterior señalamos cómo existió Cuniraya y si vivió antes o después que Pariacaca; eso

Cuniraya Huiracocha dicen que fue muy antiguo, más antiguo que Pariacaca y que todos los demás huacas. A él cuentan que lo adoraban más. Algunos afirman: "Dicen que Pariacaca también era hijo de él", así dicen, por eso vamos a hablar de cómo se extinguió Cuniraya Huiracocha.

Cuando los huiracochas [españoles] estuvieron a punto de aparecer, Cuniraya fue hacia el Cuzco. Y entonces hablaron, él y el Inca Huayna Cápac, entre ellos. Cuniraya le dijo: "Vamos, hijo, al Titicaca; allí te haré saber lo que soy." Y luego, diciendo, dijo: "Inca, da orden a tu gente, a los *brujos,* a todos los que tienen sabiduría, para que podamos enviarlos a las regiones bajas, a todas." Apenas habló Cuniraya, inmediatamente, el Inca dio la orden.

Y así, algunos de los hombres [¿emisarios?] dijeron: "Yo fui creado por el cóndor." Otros dijeron: "Yo soy hijo del halcón" y otros: "Yo soy el ave voladora golondrina." A todos ellos les ordenó [el Inca]: "Id hacia las regiones bajas y allí decid a todos los padres: me envía vuestro hijo; dice que le remitas a una de sus hermanas. Así hablarán." De ese modo les ordenó.

Entonces, el hombre que fue creado por la golondrina y los otros, partieron, habiéndoseles dado sólo cinco días de plazo para volver.

El emisario que fue creado por la golondrina les tomó la delantera. Llegó a su destino e hizo saber lo que se le había ordenado. Y le entregaron una pequeña caja: "No has de abrirla –le dijeron–, el mismo poderoso Inca Huayna Cápac la abrirá." Así cumplieron.

Y ese hombre golondrina, cuando estaba ya por llegar al Cuzco, exclamó: "¡Má! Voy a mirar lo que aquí hay encerrado." Y abrió la caja. Una *señora,* una gran señora hermosísima estaba dentro; sus cabellos eran como oro *encrespado,* su traje era excelso, pero era muy pequeña de estatura. Apenas vio al hombre, la *señora* desapareció. Entonces, entristecido, el emisario llegó al Titicaca y llegó al Cuzco. "Si no hubieras sido creado por la golondrina, al instante te habría hecho matar. Vuelve, pues; tú mismo regresa", le dijeron.

Y el emisario regresó y cumplió. Mientras, de vuelta, traía [la caja] y en el camino sentía sed mortal o hambre, no necesitaba sino hablar y se le presentaba una *mesa* tendida con todo lo que pedía. Lo mismo ocurría cuando necesitaba dormir. De ese modo, a los cinco días exactos llegó. Y, tanto el Inca como Cuniraya, lo recibieron con gran alegría.

Y así, antes de que abriera [la caja], Cuniraya dijo: "Inca: sigamos este pachac.* Yo, sí, yo entraré a este pachac; y tú entra a ese otro pachac, con mi hermana. Ni tú ni yo debemos encontrarnos, no." Diciendo esto abrió el *cofre,* y al instante, en ese instante, nació una luz, relampagueó una luz. Entonces, el Inca Huayna Cápac habló: "No he de volver de aquí a ninguna parte; aquí he de vivir con esta ñusta [princesa] mía, con este amor." Luego ordenó a un hombre de su ayllu:

* Si bien pachac corresponde exactamente al número cien, esta significación no concuerda con el contexto que parece dar a esta palabra el sentido de dirección, área geográfica o agrupación social; por tal razón no la hemos traducido.

"Y tú, mi doble, mi semejante: soy Huayna Cápac, proclamando, vuelve al Cuzco." Y no bien pronunció esas palabras desapareció con esa *señora;* Cuniraya hizo lo mismo, desapareció.

Y desde entonces, después que aquel al que hemos llamado Huayna Cápac murió, ya uno, ya otro: "Yo antes que nadie" diciendo, pretendieron presentarse como poderosos jefes. Y cuando esto ocurría, aparecieron en Cajamarca los huiracochas [españoles].

Hasta hoy sólo sabemos de Cuniraya Huiracocha lo que de él cuentan la boca de los checas. De las cosas que hizo cuando anduvo por estas regiones no hemos concluido de escribir.

CAPÍTULO 15

Desde este punto y de cuanto hablamos en los dos capítulos anteriores, de cómo Cuniraya fue muy antiguo o posterior, seguiremos escribiendo

Dicen que Cuniraya Huiracocha fue muy antiguo. Antes que él existiera no había nada en este mundo, dicen. Y fue él, creen, quien hizo las montañas, los árboles, los ríos, los animales de todas las clases y las chacras para que el hombre pudiera vivir. Por esta razón dicen de Cuniraya: "Fue el padre de Pariacaca." "Si no hubiera sido hijo de él, lo habría tratado como a un perro", afirman todos. A los otros pueblos, haciendo una u otra cosa, los subyugó. De estos sucesos hablaremos más adelante.

CAPÍTULO 16

Aquí hemos de escribir acerca de cómo Pariacaca nació de cinco huevos; de si ellos fueron hermanos y de si fue realmente Pariacaca el padre de ellos; de eso, de más o menos eso hablaremos

Ya, sí, en el *capítulo* noveno señalamos cómo Pariacaca, habiendo nacido de cinco huevos, tuvo o no hermanos o si algunos de ellos fueron sus hijos. Ahora, después de eso, vamos a escribir los nombres de cada uno [de los cinco personajes].

De este Pariacaca, que nació de los cinco huevos, ya hablamos en el *capítulo* catorce. "Se dice que somos hijos de Cuniraya", afirmando esto, más o menos, cada uno de los cinco fue hermano, uno del otro. Sus nombres, empezando por el del mayor, fueron: Pariacaca; en seguida, Curapa; en seguida, Puncho; en seguida, Pariacarco. No sabemos el nombre del último y aquí hemos de dejar un espacio en *blanco,* para que lo podamos escribir, cuando lo hayamos averiguado. (Dicen que se llamaba Sullcayllapa.) Éste a quien hemos llamado Pariacarco se dirigió hacia la entrada de la región de los Antis: "Huallallo Carhuincho puede regresar", dijo, y se quedó. Y afirman que hasta ahora está allí. A los otros cuatro [hermanos], sí, también los nombramos; y se dice que este Huallallo Carhuincho no huyó inmediatamente. Cuando a Mullococha, de la que hablamos ya, entraron los hermanos de Churapa Pariacaca y la convirtieros en lago, en ese instante, Huallallo se transformó en pájaro y voló. Dicen que se internó en una montaña llamada Caquiyoca. Cuentan que esta montaña es un gran precipicio de rocas. Metiéndose a ese abismo, dicen que se escondió Huallallo.

Entonces, Pariacaca, lanzando rayos, y también sus cinco hermanos, lanzando rayos penetrantes, derrumbaron, dicen, el precipicio e hicieron temblar a Huallallo. Éste, luego, hizo salir una inmensa serpiente de dos cabezas, llamada Amaru: "Ha de espantar a Pariacaca", dijo. Pariacaca, viendo a la gran serpiente, hizo un bastón de oro y con él punzó en el centro del lomo a la bestia. El Amaru se enfrió y se convirtió en piedra. Este Amaru helado se puede ver claramente, hasta ahora, en el camino que va por Caquiyoca, en las alturas. Y los hombres del Cuzco o de cualquier otro sitio que saben, que tienen conocimientos, rascan el cuerpo de este Amaru con alguna piedra y sacan polvo de ella para emplearlo como remedio. "No caeré en la enfermedad", dicen.

Y así, cuando Huallallo Carhuincho fue arrojado del precipicio de Caquiyoca, se metió en la profunda quebrada de Caquiyacahuayqui. De allí, escaló una montaña llamada Pumarauca y dijo: "Desde aquí podré cercar a Pariacaca y no podrá guiarse hasta este sitio." Y diciendo esto plantó el ala de un pájaro llamado caqui, la alzó como una lanza. Pero, entonces, Pariacaca rompió el ala del pájaro; convirtió al caqui en piedra, y venció, nuevamente. Derrotado Huallallo Carhuincho, ya sin fuerzas, huyó hacia la región que llamamos Anti. Y Pariacaca, reuniendo gente, ya de una zona, ya de otra, persiguió a Huallallo. Cuando éste se perdió en el Anti, Pariacaca designó a un hermano suyo llamado Pariacarco para que se quedara a guardar la entrada: "Puede volver, puede intentarlo", dijo.

Este Pariacarco está aún ahora; es una montaña con

gran nieve. Quiénes son los que le rinden culto no lo sabemos. Pero, ya, sí, en el *capítulo* nueve dijimos: "Comen perros ahora, por haber comido hombres, antes"; y dijimos también que esos fueron los huancas.

CAPÍTULO 17

Ahora vamos hablar de cómo [Pariacaca] volvió, luego de haber dejado a su hermano Pariacarco en la puerta de entrada de la región Anti. Ya hablamos de cuanto dijo su hermano y de cómo empezó a hacerse adorar, ahora vamos a hablar de un suceso que olvidamos: habiendo ya vencido, consumada su victoria, regresó [Pariacaca] con sus hermanos a la montaña que llamamos Pariacaca. En esa misma zona existe otra montaña, muy nevada, que se llama Huamacayo a la cual no es posible subir. Dicen algunos: "Ése es Pariacaca."

Mucho después, cuando llegaron los huiracoches [españoles] y vieron la gran nieve de esa montaña: "Ése es Pariacaca", dijeron también ellos. Pero él [el huaca] vive, según se cree, en un precipicio de rocas que está un poco más abajo del mismo Pariacaca. A ese mismo sitio entraron sus otros hermanos, y luego que entraron, al instante, dijeron: "Aquí he de habitar, que aquí vengan a rendirnos culto." Y en ese precipicio hicieron su pueblo, su residencia.

Ya dijimos antes: "Hay una montaña que se llama Huamacayo, es inalcanzable por la mucha nieve que tiene." Allí descansó [Pariacaca] cuando volvía de la región Anti. Desde esa montaña convocó a todos los hombres que habitan en el Tahuantinsuyo, antes que hubieran nacido los incas, en tiempos muy antiguos. Cuando la multitud estuvo reunida, creó a los huacasas y les ordenó que instruyeran a la gente acerca de cómo debían rendirle culto.

Cuando aparecieron los incas, también ellos asentaron

a los huacasas y vivieron muy venerados. A esa reunión, de toda la gente en la montaña, se le llamó Tahuantinsuyo, y desde ese tiempo.

Por aquella época, Huallallo Carhuincho, que no olvidaba su *traición*, hizo aparecer un *animal* en la montaña donde vivía Pariacaca. "Lo va a enterrar", dijo. Ese animal que se llamaba huhi se extendió por todas partes. Si el huhi hubiera logrado permanecer, le habría quitado la vida a Pariacaca. Y por eso, a todos los hombres del Tahuantinsuyo, él les ordenó: "Préndanlo." Apenas recibida la orden, la gente empezó a buscar al animal, a perseguirlo por todas partes, pero no lo encontraron. Pariacaca lanzó rayos y torrentes de lluvia; no lo pudo matar.

Entonces, en un lugar muy lejano, un hombre de Checa, del ayllu de Cacasica, logró atrapar al animal. Y otro hombre, de Quinti, le dijo: "Hermano, tú eres muy feliz. Anda y preséntate flameando la cola del animal, deja que yo lleve la carne." "Está bien", contestó el hombre de Checa. Pero, tomando otro camino, el hombre de Quinti se presentó ante Pariacaca y le dijo: "Padre, yo lo atrapé."

Pariacaca se regocijó mucho y halagó al hombre. Este individuo de Quinti se llamaba Chucpayco. Poco después, llegó el otro hombre con el rabo del animal, entonces Pariacaca le dijo al de Quinti: "Por haber mentido ante mí lucharás con los Quintis: 'pestilentes' les dirán ellos [con razón] a tus hijos", y siguió apostrofándolo horriblemente. Luego, refiriéndose al ayllu de Cacasica y Huarcancha, hasta Llilicancha, el mismo Pariacaca dijo: "Tú, por haber atrapado a este animal, serás elevado a la clase yañca. Daré oídos a todo lo que de tus pueblos me hables y los otros pueblos deberán hablarme por intermedio de ustedes, a ustedes deberán decirles primero lo que quieran que yo sepa." Y le puso, él mismo, un nombre al que atrapó ese huhi: "Te llamarás Ñancaparya", le dijo. Desde entonces, los pueblos que hemos nombrado son yañcas. Los de Concha también fueron yañcas, designados, por el mismo Pariacaca, quien les puso el nombre de Huatasi. Y así, todos los que son yañca fueron instituidos por el mismo Pariacaca.

Fueron éstos los sucesos que nos olvidamos de contar de la vida de Pariacaca.

CAPÍTULO 18

Ya, sí, hablamos de cómo el Inca veneró a Pariacaca y respetó a los huacasas. Él, el propia Inca, dicen que ordenó: "De los Yauyo de Arriba y los Yauyo de Abajo han de *servir* a Pariacaca, treinta, en el mes de Pura." Y por eso, hasta entonces, treinta le sirvieron, quince por cada zona, dándole de comer. Y así, un día, le adoraron sacrificando una llama cuyo nombre era Yaurihuanaca. De los treinta servidores, uno de ellos, que se llamaba Llacuas Quita Payasca Pariasca, en el momento en que los treinta hombres contemplaban el corazón y el hígado de la llama, en ese instante, dijo: "¡Ah, atac! No está bien el mundo, la entraña, hermanos. No pasará mucho tiempo y nuestro padre Pariacaca se convertirá en silencio, en salvaje [purun]."

Los otros le contestaron: "No, sólo tu boca habla. ¿Qué sabes tú?" Y uno de ellos, también habló: "¿Por qué señalas tú lo nefasto que ha de suceder? En este corazón habla muy bien nuestro padre Pariacaca." Pero este hombre permanecía alejado del corazón de la llama sólo lo había contemplado desde lejos; sin embargo, también pronosticó. Y volvió a hablar: "El propio Pariacaca dice: hermano." Y tanto este hombre como los otros arrojaron a Quita Payasca Pariasca en un lodo de insultos. "Llacuas, hombre pestilente, ¿qué puede saber ése? Nuestro padre Pariacaca tiene sus dominios hasta los hombres del Chinchaysuyo, hasta no sé qué límites. Y él ¿puede caer en el silencio, en la nada? ¿Qué entiende, qué sabe este hombre?" Hablaron enfurecidos muy enojados.

A los pocos días que ocurrió esta disputa, oyeron todos la noticia: "Los huiracochas [españoles] han aparecido en Cajamarca."

En ese tiempo, aquí en Checa, vivía un anciano de Pariacaca, del ayllu de Casicaya; se llamaba Tamalliuya Caxalliuya. De los treinta sacerdotes que tenía Pariacaca (este Tamalliuya Caxalliuya era el más sabio, el que mejor guardaba la memoria. Cuando llegaron los huirachocas [españoles] preguntaron: "¿Dónde está la plata y los trajes de este huaca?" Ninguno de los sacerdotes quiso confesar. Entonces los españoles, enfurecidos, prendieron fuego, rápidamente, con unas yerbas secas. Decidieron quemar a Caxalliuya. Sopló el viento cuando el fuego empezaba a subir de un costado al cuerpo de Caxalliuya. El hombre sufría, padecía; los otros le entregaron a los españoles todo lo que pidieron y había.

Ocurrido esto, exclamaron todos: "Gran verdad nos dijo ese Llacuas Quita Pariasca. Hermanos: dispersémonos. El mundo ya no está bien", y así, se dispersaron por todos los pueblos. Y, entonces, el hombre de Checa a quien casi quemaron vivo los españoles, consiguió guiar hasta su pueblo a un hijo de Pariacaca. El hijo se llamaba Macahuisa y el pueblo del hombre de Checa, Limca, de Quinti. De eso sucesos hablaremos en el *capítulo* siguiente.

CAPÍTULO 19

Dicen que este Macahuisa, hijo de Pariacaca, fue llevado por los antiguos incas en calidad de aliado.

Los pueblos de Xihuaya no podían ser derrotados; como el inca no podía derrotarlos le pidió al hijo de Pariacaca: "Vence tú a esos hombres de Xihuaya y Amaya." Así fue como [Pariacaca] le dio a su hijo Macahuisa. Y apenas llegó éste, derrotó a los pueblos que hemos nombrado. Desde entonces, los incas veneraban más aún a Pariacaca, enviándole oro y trajes; y para sus treinta servidores hacía que los pueblos le entregaran maíz, coca y cuanta cosa necesitaran, a fin de que vivieran bien. Fue por eso, como dijimos hace un rato, que los huiracochas [españoles] quitaron a Pariacaca todo su oro, y todo cuanto tenía. Y lo que los españoles no se llevaron lo hizo quemar *Don Sebastián,* que murió poco después.

Y así, como dijimos también hace poco rato, el ya nombrado Caxalliuya, que se llevó a Macahuisa al pueblo de Limca, se hizo notable por la grandeza del hijo de Pariacaca, y vivió muchos años muy respetado. Durante ese tiempo, luego de algunos años, los de Checa, que tuvieron noticia de lo bien que estaba [el pueblo de Limca], dijeron: "Que se traiga aquí a Macahuisa", y enviaron por él cuando era curaca don *Julio* Puyputacma, que murió. Entonces el viejo Caxalliuya, el quemado por los españoles, tenía ya seis hijos; vino con ellos en ese tiempo, aquí, a Llacsatampo.

Cuando llegó *Diego* Llacsatampo le hablaron [los checas]: "Padre Macahuisa: dinos si has de proteger con bien a tu gente de Checa." Y sacrificando una llama buscaron en sus entrañas la respuesta; encontraron los mismos signos que en la llama de Huauycancha, señales que fueron proclamadas por ese [sacerdote] Llacuas Quita Pariasca, lo mismo que él dijo. Y allí Caxalliuya Tumalliuya, de quien hablamos y cuyos hijos ya habían muerto, dijo, sintiéndose él mismo ya para morir: "Así fue cuando estuve a punto de llegar, *porque* cuando recién se llega todo está muy bien. Y ya, ahora nada habrá, ni enfermedades ni sufrimientos." Así dijo.

Desde entonces, levantaron a Macahuisa en este pueblo, en el mes llamado Pura y le *sirvieron* en todos los ayllus de los Checas. Una noche se reunían hombres y mujeres y pasaban la noche juntos hasta el amanecer. A esa hora, le ofrendaban cada quien lo que podía, cuyes y otras especies, y le hablaban: "Ayúdame, auxilia a este pueblo; tú eres quien lo guardas. Tú alivias todas las enfermedades", le decían.

En el pueblo que hemos llamado Limca era donde mejor *servido* estaba [Macahuisa]. Una chacra que se llamaba Yamlaca era sembrada por una huaranca [mil] de hombres; ellos empleaban toda su fuerza en esa chacra, para que este Macahuisa tuviera mucho que beber. Y por eso, allí, los hombres se convirtieron en muy *ricos*, ya con una cosa [producto] ya con otra cosa. Entonces, los de Checa sintieron mucha *envidia*, por haber sido ellos gente del finado *don Julio* Puyputacma Caxalliuya, y dijeron: "Que lo traigan [a Macahuisa]. ¿Por qué ha de estar protegiendo a ese pueblo un huaca Checa tan bueno?" Y diciendo esto enviaron por él. Desde ese tiempo, dicen que residió aquí [el huaca]. Es eso lo que sabemos los del pueblo de Checa sobre Macahuisa.

CAPÍTULO 20

En esta parte comienza la [narración] de la vida de Llocllayhuancu y cómo acabó él, después

Dicen que este huaca llamado Llocllayhuancu fue hijo de Pachacamac. La aparición [de Llocllayhuancu] fue vista por una mujer llamada Lantichumpi, del ayllu Alaysatpa; ella lo encontró mientras trabajaba en su chacra. Cuando escarbaba la tierra, volvió a encontrarlo otra vez. "¡Qué será esto!" diciendo, lo arrojó al suelo. Pero nuevamente encontró eso mismo que había arrojado; entonces "Esto acaso puede ser un huaca —dijo—. Voy a mostrarlo a mis padres y a mis parientes." Y lo llevó.

Afirman que en ese tiempo estaba un huaca enviado por el Inca; se llamaba Catiquilla y se encontraba en el pueblo de Llacsatampo. El huaca Catiquilla tenía el poder de hacer hablar a cualquier otro huaca aunque él no quisiera o no pudiera hablar. Ejercitando este poder, le preguntó a Llocllayhuancu: "¿Quién eres? ¿Cuál es tu nombre? ¿Cómo viniste hasta aquí." Y el huaca le respondió: "Yo soy hijo de Pachacamac, del que hace estremecer el mundo. Mi nombre es Llocllayhuancu. He venido por orden de mi padre. Él me dijo: Anda a proteger al pueblo de Checa."

Al oír esto, la gente se regocijó mucho. "Está bien —dijeron—, que viva entre nosotros, que nos proteja."

Y entre todos, los de Checa y los de Chanti, convirtieron la pequeña casa de la mujer que encontró al huaca en una residencia amplia; la construyeron con gran temor y respeto, para que allí fuera adorado. Eligieron el mes llamado Pura para celebrar la fiesta del huaca; y entraban a *servirle* ayllu tras ayllu. Cuando Allauca [el pueblo] empezaba, como principal: "Entremos", decían los otros e iniciaban la fiesta, ordenadamente, de acuerdo entre todos; ofrendaban llamas. Y al mes que nosotros llamamos Pura, ellos le dan el nombre de "Chayana." "Él llega [entonces]", dicen.

Durante esta fiesta que llamamos "Chayay", en tiempos antiguos, la gente cantaba y bailaba poniéndose el chucrupo huaychay ahua [tejido de chucrupo huaychay], del mismo modo como en la fiesta de Pariacaca se engalanaban con el mismo tejido.

De ese modo veneraron y adoraron durante muchos años a este Llocllayhuancu. Pero, una vez que no le rindieron culto como era debido, el huaca desapareció; se fue donde estaba su padre Pachacamac. Los hombres se afligieron mucho, y lo buscaron. Hicieron un hueco profundo en el mismo sitio de la chacra donde la mujer Lantichumpi lo encontró.

Aflijidos, decidieron ir donde Pachacamac los hombres de más conocimientos y edad. Y se encaminaron llevando cuyes, llamas, *vestidos* de todas clases.

Y así, habiendo adorado y entregado ofrendas al padre, hicieron volver [a Llocllayhuancu]. Desde entonces con *renovado* fervor lo adoraron; destinaban para él al jefe de las llamas; y a este jefe de las llamas lo hacían pastar en un paraje llamado Sucyahuillca. "Es la llama de Pachacamac", decían. El Inca también confirmó esta orden.

Desde entonces y por mucho tiempo, en todos los pueblos de que hemos hablado, ayllu por ayllu, adoraron a este huaca. Cuando llegaban las enfermedades, a él le pedían que curara a los dolientes; cuando hería a alguien cualquier pena o caían en desventuras, cuando amenazaban los enemigos, cuando la tierra se estremecía: "Mi padre está irritado", clamaban muy espantados y le dedicaban ofrendas; le servían maíz inca, tomándolo de los depósitos, para que el huaca bebiera [chicha].

Pero, cuando llegó el *padre Cristóbal de Castilla,* cuando estuvo en esta *reducción,* y era curaca *don Gerónimo* Canchuhuaman, cesó el culto al huaca, porque ambos curas lo odiaban. Vino entonces la gran peste de *sarampión* y la gente empezó a adorar [al huaca], y el curaca que hemos nombrado dijo: "Que sea cosa de él o que provenga de él." Y no habló a nadie, ni nada más. Hasta que un día que la gente estaba reunida y bebiendo en la casa desierta [¿del huaca?], ardió la casa y se quemó toda, por la voluntad de *Dios.*

Cuando murió *don Gerónimo,* en ese tiempo, el curaca *don Julio* Sacsalliuya empezaba su mando, y como él también era huacasa, toda la gente de todos los pueblos empezaba a vivir como había vivido en sus tiempos antiguos. Volvieron a acercarse a Llocllayhuancu y a Macahuisa, y acercándose a ellos, llegando a donde estaban, amanecieron bebiendo.

Después, ahora, con la *predicción* del *señor doctor Ávila,* una parte de la gente está regresando a *Dios,* y rechazando esas cosas antiguas. Como no pudo volver el corazón de los hombres hacia el *Dios* hombre, dice [de los huacas]: "¡Son el diablo!", y así, se van convirtiendo, si no, no sabemos cuánto tiempo hubieran continuado como eran. De este hecho vamos a hacerles oír [un suceso] inmediatamente, a continuación:

Hay un hombre llamado *Don Cristóbal* Choquecaxa; su padre fue *don Gerónimo* Canchahuaman a quien ya nos referimos y que ya es finado. Este hombre, día a día tuvo una vida correcta. Su padre rechazaba el culto a los huacas, pero fue engañado con las mentiras del diablo y, al final de su vida, cayó en el pecado. Antes de morir *confesó* cómo muchos perversos y antiguos diablos lo habían confundido. Sólo nuestro *Dios* poderoso puede saber adónde está, después de su muerte, este hombre.

Pero su hijo, sí, el ya nombrado *Don Cristóbal,* está vivo; y él vio, con sus propios ojos, al diablo Llocllayhuancu, porque también lo tentaron los antiguos demonios, desde el tiempo en que murió su padre. El suceso que vamos a contar fue revelado, bajo *juramento,* diciendo: "Por esta cruz."

Dice, *don Cristóbal,* que una noche fue a la casa de Llocllayhuancu, porque allí estaba una joven suya [sipasnin]. Él había dejado de creer ya en el huaca y ni se acordaba de que existía. Cuando estaba ya en la casa, entró a un pequeño cuarto derruido, para orinar. Y en el sitio donde ahora se ha puesto una *cruz* vio aparecer una fuente de *plata* que brilló como si se hubiera convertido en el sol del día; esa luz cegó los ojos del hombre, como cuando repentinamente se hace la noche. Ese demonio [el huaca] hizo aparecer [al resplandor] ante el hombre. *Don Cristóbal* cayó al suelo; luego, *rezando* el *Padre Nuestro* y el *Ave María,* se arrastró hasta llegar al *aposento* de la mujer. Y tres veces apareció la luz cegadora, durante las tres veces que el hombre salió afuera. Como había relampagueado tres veces, antes de que él llegara al *aposento* de la mujer, y otras, mientras estuvo escondido, la luz se mostró nueve veces en la noche. Aterrado, el hombre llegó a la habitación en que la mujer dormía, e hizo que se levantara. Dos niños dormían con la mujer, y como los niños lloraron mucho: "Es nuestro padre, así es él", dijo [la mujer] para asustarlos. Los niños eran hijos de la mujer que era *sacerdotisa* del demonio.

Y así, durante la noche, del mismo modo como un hombre al entrar en la oscuridad convierte la noche aún en más oscura, de ese modo alguien entraba y salía [al aposento]; tronaban los pasos en las orejas de *Don Cristóbal;* la casa parecía que iba a derrumbarse; de ese modo [el demonio] quiso rendirlo. Él rezaba todas las oraciones que sabía; clamando a *Dios* Poderoso con su voz más doliente; repetía la *doctrina,* todo lo que sabía, cuantas veces pudo. Pero como pasó la media noche y el demonio seguía atacándole y él no podía conjurarlo, llamó a nuestra madre *Santa María.* "¡Ah, madre mía! —dijo—, tú eres la única madre que tengo y siendo así ¿ha de vencer este malvado demonio? Tú, madre mía, auxíliame, aunque sea como a un hermano culpable. Confieso que yo mismo *serví* a este demonio: ahora ya sé que es demonio. Éste no es *dios,* no puede ser capaz de hacer nada bueno. Sólo tú, reina, tú has de salvarme del *peligro;* háblale de mí a tu hijo *Jesús,* a fin de que ahora mismo me libre de este riesgo, de las manos de este perverso demonio." Hablando así y llorando, se dirigió a nuestra madre *Virgen,* a nuestro único amor. Y cuando concluyó de hablarle, *rezó* en *latín* el *"Salve, Regina Mater Misirecordiae".*

El hombre pronunciaba esta oración, estaba ya a la mitad de la oración, y el perverso demonio sacudió la casa, la removió y, convertido en lechuza, se fue. En este momento amanecía; todo estaba tranquilo, nada hubo que espantara al hombre, nada que entrara o saliera de la casa.

Desde entonces [Don Cristóbal] adoró más fervosamente a *Dios*; y auxilió por toda la vida a la *Virgen Santa María.* Al día siguiente de aquel suceso que le ocurrió, reunió a toda la gente y les habló, les contó lo que había ocurrido; dijo "Hermanos míos, padres míos: el huaca Llocllayhuancu al que tanto temíamos era sólo una lechuza demonio. Anoche, con el auxilio de nuestra madre la *Virgen Santa María,* yo lo he vencido. Desde hoy no debéis entrar, ninguno de vosotros, a su casa. Si yo veo entrar a alguien a esa casa puede que lo acuse ante el *Padre; porque* lo que les he dicho deben recibirlo en todo el corazón".

Algunos quizá creyeron en lo que el hombre dijo: otros permanecieron callados, temiendo. Pero desde entonces, de verdad, dejaron de llegar [a la casa del huaca].

Después, esa misma noche, mientras *Don Cristóbal* dormía en su casa, se le apareció [el demonio]. Esto hemos de contarlo en seguida:

CAPÍTULO 21

Aquí, aunque no haya modo de narrar un sueño, hemos de hablar de cómo ese perverso demonio espantó a don Cristóbal, y también de cómo fue vencido

Ya, sí, hemos hablado del perverso Llocllayhuancu y de cómo era un demonio, y hemos oído la historia de la lucha victoriosa de *Don Cristóbal* con ese demonio, pero el tal demonio quiso vencerlo en el sueño.

La noche del día siguiente [de la lucha] el huaca hizo llamar con un hombre a *Don Cristóbal* [durante el sueño]. Él se dio cuenta de la presencia del hombre cuando ya estaba dentro de la casa; el mensajero no dijo: "Fui donde él." Muy asustado, *Don Cristóbal* fue hacia donde estaba una mujer yunca, de Chacuhuas, que vivía en el mismo *patio* de la casa. Era, pues, esta Chacuhuas, una mujer yunca.

La mujer le dijo: "Hijo ¿por qué no temes a Llocllayhuancu que es hijo de quien hace estremecer el mundo? Ahora te ha mandado llamar para que sepas eso, lo que es." Y [Don Cristóbal] contestó: "Es un mal demonio, madre mía, ¿por qué podría temerle?" En ese instante había levantado en su mano cuatro monedas de plata de un *real* cada una. *Don Cristóbal* las hizo caer al suelo. Mientras buscaba las monedas, *Francisco,* el *trompetero* empezó a llamarlo desde afuera: "¡Yau! ¿Qué haces allí? Tu padre está muy enojado. 'Que venga inmediatamente' diciendo, te llama." Con esas palabras a gritos, le habló el trompetero.

Al oír esta voz, [Don Cristóbal] contestó: "Espérame un instante, hermano, ya he de ir", y se puso a buscar afanosamente las monedas. Apenas las encontró, se dispuso a salir; iba a hacerlo, pero vio, como en la noche anterior, el disco de plata de luz cegadora que le hería los ojos desde el sitio donde está puesta ahora la *cruz*. Espantado, cuando a causa del terror no sabía adonde volverse, gritaron, otra vez, pero desde dentro: "¡Te llama nuestro padre!"

Entonces: "Está bien" diciendo, entró [a la casa del huaca] con el carazón iracundo. En ese momento, Astohuaman le hacía beber, le servía al huaca y le hablaba: "Padre Llocllayhuancu, tú eres hijo de quien mueve la tierra; tú, también, hiciste al hombre." Y diciendo esto, lleno de temor, le servía. Y como ese demonio no podía hablar, lanzaba una especie de gruñido: "¡Hoho!" Después le sirvieron hojas de coca, e hizo como que las masticaba.

Largo rato duró todo esto; mientras tanto, dicen que *Don Cristóbal* vio, dentro de la casa, una especie de dos cuerpos *pintados* que se movían como si pendieran de una *romana pintada* y caminaran en dos filas; así daban vueltas. En un extremo de la maroma *pintada* vio un pequeño demonio de color muy negro; sus ojos eran como de plata, en sus manos llevaba un palo con un garabato. En otro lado aparecía la cabeza de una llama; sobre la cabeza de la llama el pequeño demonio, sobre el pequeño demonio la cabeza de la llama. Y así, en el interior de toda la casa, rodaban en el aire estas cosas, en dos filas.

Don Cristóbal contempló muy asustado cuanto ocurría y había en la casa, pero tuvo dominio sobre su lengua. Apenas el demonio concluyó de comer, ese Astohuaman prendió fuego para quemar lo que no había servido al demonio.

Cuando el fuego se apagó y todo quedó tranquilo, *Don Cristóbal* empezó a hablar; dijo: "Oye, Llocllayhuancu, a ti, es cierto, te dicen 'Hacedor del hombre; el que mueve el mundo', y dicen también: 'él dispone que se haga esto o lo otro'; y por eso los hombres te temen. ¿Para qué me has hecho llamar ahora? Yo digo: '*Jesucristo* es hijo de *Dios*; él es el verdadero *Dios*; cumpliré sus mandatos por siempre.' Pero si estoy equivocado, contesta; dime: Ése no es *dios*; yo soy quien hace todas las cosas', entonces, volveré a temerte." Pero el demonio escuchó las palabras y no respondió, se quedó oyendo y enmudeciendo.

Entonces, *Don Cristóbal*: "Mira, ¿no es verdad que eres el demonio? —preguntó. ¿Podrías tú vencer a quien dije yo que es el Poder verdadero, a *Jesucristo*? Mira, esta tu casa es un sitio en que el demonio está henchido, amontonado; así y allí habitas. ¿Puedo creer en ti?" En ese momento se lanzó un llaullaya.

Don Cristóbal no supo si vino de parte del diablo o de *parte* de *Dios*, porque, escudándose con ése que llamamos llaullaya llegó hasta una *esquina*, a la casa del *Conde*, protegiéndose. Entró a la casa, y despertó.

Desde ese día hasta hoy, vencía a los otros huacas, en sus sueños; muchas veces a Pariacaca y también a Chaupiñamca. Y a todas las gentes les relataba sus hazañas y les decía: "Éstos son el demonio."

La verdad de que ese demonio es perverso, lo sabemos porque *Don Cristóbal* contó los triunfos que hemos relatado.

En los tiempos antiguos, cuando llegaban, quienes llegaban al tiempo debido, cantaban y bailaban, hasta muy tarde. Y, ya muy avanzada la noche, el *sacerdote*, el doble o personero del huaca [Llocllayhuancu] salía a decir: "Ya nuestro padre, ahora está borracho, manda que canten y bailen. Nuestro padre os convida a beber con él." Y echaba a una olla el contenido de un vaso de madera: "Él está bebiendo", decía. Y comenzando por los de mayor edad, se iniciaban las libaciones; así bebían hasta el día siguiente.

Cuando concluían las libaciones, sacaban hacia afuera el mate* en que había bebido el demonio. La gente que había pasado la noche invitándose uno a otros, adoraba ese recipiente.

Al día siguiente, todo lo que había sobrado de comidas y bebidas, lo enviaban a Sucyahuillca. En tiempos muy antiguos, los mismos hombres llevaban el presente a Sucyahuillca y le rendían culto en el mismo sitio donde está Sucyahuillca, después de haber servido a Llocllayhuancu.

Cómo servían a Sucyahuillca, por qué le rendían culto y qué era Pachacamac, de eso vamos a escribir más adelante.

* Recipiente vegetal.

CAPÍTULO 22

Si el Inca le rendía mucha reverencia y culto a Pachacamac, no lo sabemos bien. En cambio sabemos una parte: que en los pueblos de las alturas, en todos, desde el Titicaca, se adoraba al Sol, y la gente decía: "Así me lo ordenó el Inca"; y que en los pueblos de las tierras bajas: "Así me lo ordenó el Inca" diciendo, adoraban a Pachacamac.

A estos dos huacas que hemos nombrado les rendían culto mucho más que a los otros, ellos eran más grandes que todos. Los adoraban llevándoles más oro y plata, para adornarlos; les dedicaban centenares de yanacunas [servidores] y, en todos los pueblos, criaban llamas especialmente para ellos. Las llamas destinadas a Pachacamac iban de aquí, de los hombres de Checa y de Sucyahuillca.

Esto proclamaron los Incas: "En el lago que está hacia abajo del Titicaca, que ya hemos nombrado, en el llamado Pachacamac, allí termina la tierra. Ya no debe haber, más allá, ningún pueblo, tampoco debe haber ningún resplandor", afirmando esto, sí, debieron adorar [los Incas a Pachacamac]. Y recordando esa creencia, debieron adorar a los dos huacas más que a los otros, exaltando al Sol, en el mundo de los bajíos, delante de Pachacamac. A ese acto de levantar al Sol y al sitio en que lo hicieron, hasta ahora se llama "Luz del día."

Y por eso, los hombres del Tahuantinsuyo, cada año, ofrendaban un hombre y una mujer [a Pachacamac]. A esta ofrenda le llamaban "Gran Culpa" [capac hucha]. Cuando el hombre y la mujer destinados al sacrificio, los "Gran Culpa", llegaban hasta Pachacamac, eran enterrados vivos: "Cómelos, Padre", le decían al huaca. Y en el mes Pura le ofrendaban plata y oro, llamas; le daban de beber y de comer, sin faltar nunca.

Cuando en estas tierras de Checa no llovía, entonces, por orden del Inca, los yuncas iban hasta Sucyahuillca; le llevaban chicha, ticti, oro y plata, una vez al año. Ya junto a Sucyahuillca le decían: "Me envía el padre Pachacamac. Tú haces que en el mundo llueva. Cuando no baja agua de este lago, los hombres padecemos de sed. ¡Llueve, pues! Hemos venido a pedírtelo." Y le ofrecían cuanto habían llevado. Así, los yuncas, por esa causa, todos los años, llevaban oro y plata y lo enterraban delante de este Sucyahuillca. Los sirvientes [yanacuna] de éste [Sucyahuillca] eran del ayllu de Yasapaya y los pastores de llamas, de Allauca.

Un hombre del ayllu de Azapa, que hemos nombrado, entregó últimamente a los huiracochas [españoles], el oro y la plata enterrados. Este hombre se llamaba Paycucasa.

Los Incas conocían, pues, bien a todos los huacas de todas partes. Y a cada huaca le mandaban entregar su oro y su plata, conforme estaba apuntado en los quipus; les hacían entregar a todos ellos y en todas partes. Plata sagrada, oro sagrado le llamamos nosotros al oro [...]* Todas esas cosas les hacían dar según estaba señalado en los quipus. Pero los grandes huacas no estaban sometidos a estas medidas. Teniendo en cuenta el orden establecido, cuando llegaban a adorar a Llocllayhuancu, se dirigían, al día siguiente, hacia Sucyahuillca para servirle, pues le temían por ser quien era su padre.

Éstas son las verdades que sabemos de Pachacamac, a

* *Choc upo collq. sarpo. choctipsi colletipsi,* frase que no hemos podido traducir.

quien llaman "El que mueve al mundo". Dicen que, cuando él se irrita, el mundo se mueve; que también se estremece cuando vuelve la cabeza a cualquier lado. Por eso tiene la cabeza inmóvil. "Si rotara todo el *cuerpo,* al instante se acabaría el universo" diciendo, decían los hombres.

CAPÍTULO 23

Aquí hemos de escribir sobre cómo el Inca hizo llamar a los huacas de todas partes, y también hablaremos de los triunfos de Macahuisa, a quien ya nombramos

Tupac Inca Yupanqui, cuando ya era poderoso, después de haber *conquistado* todos los pueblos conocidos, descansó muchos años, feliz, hasta que se sublevaron tres pueblos: Alancuna, Calancu, Chaqui, así se llamaban. Ya no querían ser hombres del Inca.

Y lucharon contra él con miles de guerreros, durante casi *doce años*.

Viendo, el Inca, que la gente que mandaba a luchar moría sin poder vencer, muy entristecido, dijo: "¿Qué ha de ser de nosotros?" Y sufrió mucho. Un día se le avivó el entendimiento y habló: "¿Para qué *sirvo* a tantos huacas ofreciéndoles oro y plata, con mis trajes y mis alimentos, con todo cuanto tengo? ¡Mah! Los haré llamar, que me ayuden contra mis enemigos." Y ordenó: "De los pueblos de todas partes, todos los que reciben oro y plata, que vengan." Y así los mandó llamar. "Sí", contestaron los huacas, y fueron.

También Pachacamac cumplió; hizo que lo llevaran en un anda. Y como él, de los pueblos de todas partes del Tahuantinsuyo, cargados en andas se pusieron en camino, los huacas.

Y así, cuando ya todos habían llegado a la plaza Aucaypata [del Cuzco], vieron que Pariacaca no llegaba aún. "Creo que no voy a ir ¿o voy?", hablaba Pariacaca;

no se decidía. Por fin llamó a su hijo Macahuisa: "Anda tú; anda a escuchar", le ordenó.

Macahuisa llegó; se sentó muy al extremo de la concurrencia, sobre sus andas, que tenían el nombre de "Chicsirimpa".

El Inca empezó a hablar:

"Padres míos, huacas, sacras personas: bien saben ustedes con cuanto amor y con todo el corazón les *sirvo,* ofrendándoles oro y plata. Ustedes saben eso. Siendo así, ¿no podrían ayudarme, darme vuestro auxilio en esta guerra en que tantos miles de mis hombres pierdo? Para hacerles esta pregunta los he convocado."

Así habló el Inca. Pero nadie le contestó. Los huacas parecían sordos. Ninguno dijo "ay", siquiera.

Entonces el Inca:

"Habla. ¿Tú quieres que mueran de ese modo, odiándose en la guerra, los hombres que creaste, que tú mismo hiciste? Si no quieres auxiliarme en esta obra, ahora mismo haré quemar todo lo que a cada uno de ustedes les pertenece. ¿Por qué razón yo les ofrendo con oro y plata, les doy de beber y de comer, les sacrifico llamas, los mantengo tan bien arreglados, les *sirvo* como les sirvo? ¿No puedes auxiliarme ahora que sabes que estoy sufriendo, pues así lo escuchas de mí mismo? Si alguno de ustedes dice: 'No', arderán todos inmediatamente." Eso dijo, diciendo.

Pachacamac empezó a hablar, en seguida:

"Inca, casi Sol: yo, por ser quien soy, no hablé; yo, a ti, y al mundo entero puedo sacudirlos; no sólo, sí, puedo aniquilar a esos pueblos enemigos de quienes hablas. Tengo poder para acabar con el mundo entero y contigo. Por esa razón, me quedé muy callado."

Y como todos los demás huacas permanecieron sentados y en silencio, Macahuisa, de quien hablamos, habló:

"Inca, casi el Sol mismo: yo iré donde tú quieres que

vaya. Pero, eso sí, quédate tranquilo, aquí mismo, reverenciado. Yo te traeré más pronto de lo que es posible lo que quieres que se traiga." Eso dijo.

Y mientras Macahuisa hablaba, su boca soplaba las palabras como si pesaran y de su boca salía humo en vez de aliento. Luego alzó su antara de oro y tocó; su pincullo también era de oro; su cabeza estaba cubierta con un gorro circular. La rueca que llevaba era de oro y su traje de color negro.

Entonces, para que Macahuisa se pusiera en camino, el mismo Inca le dio el anda que él usaba y que tenía por nombre "Chicsirampa". Unos hombres que se llamaban "Callahuaya" eran los más escogidos del Inca y únicamente a él le servían. Estos hombres vencían en pocos días distancias que requerían muchos más días para el caminar de otras gentes. Éstos cargaron a Macahuisa hacia el sitio en que estaban los enemigos.

Así, llegaron a una montaña y Macahuisa, el hijo de Pariacaca, acampó en ese sitio; y, desde allí, empezó a hacer llover, poco a poco. Entonces la gente de los pueblos se preguntaron: "¿Qué será esto?" La lluvia fue aumentando y cayeron rayos de todas partes; las quebradas se llenaron de agua, los torrentes inundaron los pueblos.

A los hombres importantes, y a los grandes curacas, Macahuisa los mató con los rayos. Sólo unos cuantos hombres principales se salvaron. Si él lo hubiera decidido, habría podido aniquilar a todos.

Vencidos los pueblos enemigos del Inca, Macahuisa arreó a los pocos que quedaron; los arreó hasta el Cuzco.

Desde ese tiempo, dicen, el Inca reverenció más aún a Pariacaca. Le dio cincuenta de sus hombres de servicio y dijo: "Padre Macahuisa ¿qué puedo ofrecerte? Pide el pueblo que prefieras, yo no dudaré en concedértelo." Oyéndolo, el huaca contestó: "Yo no deseo nada para mí, pero te pido que seas nuestro huacasa, como son nuestros hijos de Yauyo."

"Está bien, padre", dijo el Inca, y aceptó, muy atemorizado. "No vaya a ser que a mí mismo me destruya" pensando, decidió *ofrecerle* todo lo que le pidiera. Y le dijo: "Come algo, padre", y diciendo esto, le sirvió de comer. "Yo no me alimento de estas cosas. Manda que me traigan mullo." Y cuando le trajeron el mullo lo devoró al instante: "¡cap, cap!", rechinaban sus dientes, mientras masticaba. Y como no deseara ni pidiera nada más, el Inca hizo que le llevaran princesas; pero Macahuisa no las quiso.

Luego, se volvió, de regreso, a dar cuenta de lo sucedido a su padre Pariacaca. Y dicen que, desde tiempos muy antiguos, en Sausa, el Inca fue huacasa, y como tal bailó y cantó dedicando la danza, como homenaje y reverencia, a quien correspondía.

Y recordando lo que hemos dicho de los huacas, nosotros decimos: "Se reunieron en Aucaypata del Cuzco, cierta vez." Y dicen que de todos los que estuvieron presentes en la plaza del Cuzco, que estuvieron sentados, luego de haber venido de todas partes del mundo, el más bello fue Sihuacaña Villcacoto; ninguno de los otros podía comparársele en hermosura.

Es ésta la verdad que sabemos de las cosas que hemos contado.

CAPÍTULO 24

Desde este punto hemos de escribir sobre la vida de los Checas; de cómo cantaban y bailaban el canto llamado "macuayunca". Y después, también, de cómo apareció el hombre

Ya, sí, en los *capítulos* anteriores, hablando de los hijos de Pariacaca, dijimos algo sobre cómo nacieron, de qué modo aparecieron. Fue así:

Algunos afirman esto, ahora: En los campos próximos a Pariacaca, el de Arriba, había un árbol que se llamaba quinua. Hasta nuestros días lleva ese nombre. Dicen que allí, del fruto de la quinua, apareció el hombre.

Pero otros cuentan: "Del universo alto cayó sangre sobre un lugar llamado Huichicancha, cayó sobre los campos en que la quinua crecía, y allí, en ese sitio, se formaron los pueblos, desde Allauca hasta Cuñisancha, desde Satpasca hasta Yurinaya, desde Sullpachca hasta Chuparacu, desde Yacataca hasta Pocomasa, desde Muxica hasta Chaucachimpita, desde Casasica hasta los nombrados Huarcancha y Llilicancha, de los Yañcas."

Algunos yuncas próximos tuvieron pueblos propios; los de Cacauca de *Morales* hasta Concha, fueron hijos de los Yauyo. Estos pueblos, dicen, aparecieron en un lugar llamado Maurura, de Ayaviri, y vagaron como salvajes. Habiéndose casado con la hermana de Huarcancha: "Vamos a mandarnos unos a otros" diciendo, habitaron en un pueblo que hicieron en el fondo de unos precipicios.

Cuando ya estos hombres iban a rendir culto a Pariacaca, sus cuñados y todos los de Checa, les decían yauyos silvestres. Al oír decir ellos esto, permanecían alejados; detrás de todos. Muy tristes, sufriendo, soportaron el desprecio y rencor de los otros pueblos, por muchos años. Y así, durante uno de los turnos de celebración de la fiesta de Pariacaca, le dijeron: "Padre: tú ves cómo mis cuñados y los Checas nos desprecian tanto. Somos, sin embargo, creados por ti, hermanos de los Yauyo", le hablaron, llorando intensamente. Entonces Pariacaca: "Hijo [habló], no tengas pena. Llévate este mi gorro de oro; levantándolo, bailarás y cantarás en Llacsatampo y Pococaya. Allí, de ese modo, todos los hombres dirán de ti: 'Éste debe ser muy amado por Pariacaca', y, diciendo, te temerán mucho; no podrán despreciarte ni odiarte." Así les ordenó.

La próxima vez, estos yauyo de los que hablamos llegaron también detrás de los otros pueblos, a la fiesta; pero entraron muy contentos, alzando el gorro de oro, y se sintieron aún más felices al comprobar que los otros los contemplaban con gran temor. Al día siguiente, ante el respeto de todos los pueblos que estaban reunidos en la pampa, bailaron y cantaron, con el gorro de oro en alto.

Algunos cuentan de distinto modo estos sucesos; dicen: En tiempos antiguos, la gente iba a rendir culto a Pariacaca, de noche; le ofrendaban llamas y otras cosas, le hablaban. Ayllu por ayllu iban, en turnos. Entonces: "Qué también lleven [ofrendas]", dijeron de los yauyos montaraces, refiriéndose a ellos con mucho desprecio. Y llegaban ante Pariacaca cuando el sol empezaba ya a salir. Viendo Pariacaca que por esa causa sufrían intensamente, les habló: "¿Por qué sufres tanto, oye, Antacapsi?" (El nombre de esta gente en la antigüedad era Pacuyri). "Llévate este mi gorro de oro y, cuando lo vean los otros pueblos, no te despreciarán más." Y diciéndoles esto, se los entregó. Y, en cierto turno de la fiesta, fueron llevando el gorro de oro para adorar a Pariacaca. Pero, al cruzar un río llamado Paryayri, perdieron el gorro en el agua. Lo buscaron por todas partes, arriba y abajo, y como no lo pudieron encontrar, fueron, sin llevarlo, ante Pariacaca. Cuando llegaron, al día siguiente, vieron cómo el gorro se alzaba solo ante Pariacaca. Entonces, llorando, se lo pidieron de nuevo. Pariacaca les contestó: "Tú no lo traías luego de haberlo conquistado de algún enemigo, para que vinieras con él hacia mí paseándolo descuidadamente. Hoy he de mostrarte lo que hago y mando." Así los apostrofó. Entonces, ellos hablaron: "Padre, ¿hemos de caer en la vergüenza? Danos algo que represente lo que tú hablaste para nosotros, un doble, una imagen [del gorro de oro]" y, como lloraron a torrentes, él les dijo: "Vuelve hijo, regresa. En la fiesta de mi hermana Chaupiñamca te daré algo. Espera hasta entonces." Así dijo; y los hombres esos se fueron.

Y en el turno de la fiesta de Chaupiñamca que se realizaba en el campo cercado de Yauricallinca, sobre el muro, apareció un *gato montés* bellísimamente *pintado.* Al descubrirlo [los yauyos silvestres], exclamaron: "Esto es lo que Pariacaca nos prometió." Levantaron al gato montés y danzaron y cantaron.

Esta figura la guardaba *Hernando* Canchuhuillca, en Tumna, pero estaba ya muy descompuesta.

Ya, sí, hemos hablado de cómo apareció el hombre. Pero algunos fueron hijos de Tutayquiri [dicen] y hermanos de los que salieron de los frutos del árbol [de quinua]. Este Tutayquiri del que hablamos, dicen que también apareció en Huichicancha. Desde allí bajó, derrotando pueblos: "Mis hijos han de vivir aquí", afirmando.

Recuerden que, en un *capítulo* anterior, hablamos de estos hechos; dijimos que esta zona tenía muchas tierras yuncas. Arrojando de sus tierras a los yuncas [los hijos de Tutayquiri], empezaron a repartirse los campos, ayllu por ayllu, las chacras y las casas.

Los nombres de estos ayllus cuentan que eran: Allauca, Satpasca, Pasaquini, Muxica, Cacasica, Sulpacha, Yasapa. Cuando decimos Yasapa, decimos *platero,* porque yasapa quiere decir *platero;* y eran de ese oficio los yasapas. Así, también los nombres de los otros ayllus tenían su significado, cada cual. Y los pueblos que hemos nombrado se repartieron las tierras y pueblos en orden, comenzando por el primero de todos: Allauca recibió Macallacta; después, los Satpasca recibieron Quimquillacta. Este Quimquillacta se denominaba curaca [jefe], huaca más reverenciado que los otros. Luego, los ya nombrados Yasapa y Sullpachca, recibieron el huaca llamado Ricrahuanca; los Muxica recibieron Quiraraya. Los Cacasica recibieron el huaca Llucmasuni. Los Huanri y los Chauti, ellos, tenían sus propios pueblos desde antiguo, sí, desde cuando aceptaron a Tutayquiri como huaca y lo adoraron; tal como ya lo dijimos en *capítulos* anteriores.

Asimismo, tal como lo dijimos, cuando Tutayquiri acabó de vencer a los pueblos y sus hijos vinieron a estos lugares, ellos cantaron el himno "Cómo amaneció o fue creado", tal como lo entonaron en Huichichancha; ese canto lo corearon y bailaron, "Es el 'Masoma' ", diciendo.

Ñamsapa, el denominado Ñamsapa, dicen, era hombre. Al propio, al auténtico Ñamsapa, dicen que se lo llevó, hace mucho tiempo, el Inca mismo, Entonces hicieron otro, que era como su *teniente.* A ése se lo llevó el *señor doctor* [Ávila]. Este Ñamsapa, como era hombre, se ponía en las orejas el llamado "quisayrinri" y en las manos el "canachyauri". Todas estas prendas eran de oro; ese oro se lo llevó el Inca, dicen. Y el "quilcascaxo" del que hemos hablado, era un bastón. Y luego, el "coricacya" del que hablan, era un caracol, que también vino con él.

A éste [Ñamsapa]: "Él es nuestro principio, en quien comenzamos, él llegó primero en la antigüedad a este pueblo" diciendo, a él mismo, cortándole la cara, lo hacían bailar. Y luego, cuando en la guerra apresaban a alguien le cortaban la cara: "Ésta es la prueba de que soy fuerte" diciendo, hacían que bailara. Y este hombre, el prisionero de guerra, él mismo, solía decir: "Ya, sí, has de matarme. Yo fui un hombre a quien daban órdenes, muchas. Ahora tú vas a hacer 'huayo' de mí. Cuando ya estés por sacarme a la pampa, dame bien de comer y de beber" diciendo, existía, era. Escuchando estas palabras, daban de beber y de comer a algunos "huayos". "Hoy, este día, has de bailar conmigo", decían.

Después, llevando al "huayo", solían cargarse unos a otros durante dos días. Al tercer día colgaban maíz, papas y toda clase de frutos, unos sobre el cuerpo de otros. Cada cual se llevaba todo lo que habían colgado sobre su cuerpo: "Han de volver donde Omapacha, que fue quien los creó", decían, y nombraban las cosas. Y hablaban una especie de lenguaje distinto; torciendo la boca pronunciaban esas palabras.

En esta *fiesta* bailaban la danza que hemos dicho, durante cinco días. Los de Allauca, igual. Y en otro [¿día?, ¿sitio?] este Chutacara Omapacha, él mismo, venía de Huichicancha, acompañado de algunos [¿pueblos?, ¿hombres?]. Y habiendo sido hombre, se enfrió y se convirtió en piedra y su "huisa" tomó la forma de un pájaro. Y cuando él soplaba su "huanapaya", los pueblos separaban sus llamas. Y con eso, aparecían, aumentaban [las llamas]. Y por interés en las llamas, algunos pueblos guardaban el "huanapaya". Por este tiempo, hacían su *fiesta* los de Allauca y Chutacara. Los de Checa, así como los de Concha, y cualquier pueblo que tiene llamas, levanta el *caracol* [¿"huanapaya"?], lo venera.

Y así, todos los pueblos que hemos nombrado, cantaban y bailaban dos años; al año, una sola vez. En dos años cantaban y bailaban dos veces. Luego, durante otros dos años, cantaban el baile llamado "machuhua". Los yuncas que hemos mencionado antes, cantaban este baile "machuhua", del que hablamos, durante dos años.

Recogiendo una especie de paja que llamamos "chupa", le cortaban bien sus puntas muy agudas y las arreglaban en dos columnas. Tenían de largo siete brazos y dos hombres agarrados de las manos podían abarcar su *grosor*. En la cima de cada columna colocaban una yerba llamada "casiri"; las raíces de esta yerba son muy rojas. "Ésta es su luz", decían.

Cuando ya todo estaba arreglado, colocaban sobre las columnas una insignia llamada "yumca" que representaba a los hombres, y otra llamada "huasca", que representaba a las mujeres. Ya puestas las señales y, toda la gente, vestidos con sus trajes más elegantes, a los que llamaban "tanta", comenzaban a lanzar [flechas] sobre las insignias. A este lanzamiento se le llamaba "huichu".

Para realizar este lanzamiento iban todos, el día anterior, a Caullamacuna; iban como cuando se dirigían a Pariacaca. Llevaban sus llamas adornadas de *zarcillos* y *campanillas,* exactamente igual. Y así, todos los hombres iban también a Chaucallama, a Tampusica, al que llaman también Curi, a cada cual, y asimismo a Caullama. Entonces, cuando subían a Caullama, iban tocando el *caracol,* del que ya hablamos, soplaban para hacerlo sonar. Y allí, quienes encontraban este *caracol,* lo levantaban y guardaban. Después de haber hecho todas estas cosas, empezaban lo que hemos llamado el "huta" y alzaban, para eso, las dos columnas. Se iniciaba el lanzamiento. Cuando entraban a lanzar las mujeres, lo hacían ayllu por ayllu. Cantaban las que no tocaban el tambor. "Recibe a tu hijo desvalido", decían. Y cuando llegaba el turno de la insignia "huasca", también cantaban: "Y recíbenos, a tus hijos desvalidos."

Aquel que en el lanzamiento lograba alcanzar la cabellera del "chuta", ése, que entre todos los tiradores de su ayllu había acertado a clavar el golpe en la parte más alta de la señal, ése, entregaba el ala de un huacamayo y también el "oymilla" a quien era su yañca. El último yañca de los Checa que intervino en el "chuta" fue *Martín* Misayauri, y, de Allauca, *Juan* Chumpiyauri, que ya murió. Entonces, el yañca subía al "chuta", llevaba el ala del huacamayo, a la que se le daba el nombre de "puypu", y arrancando [¿el dardo?] ponía en su lugar el "puypu"; así señalaba el sitio en que cayó el tiro. En seguida, entraba otro ayllu a lanzar y, del mismo modo, otro y otro.

En seguida empezaba el "huasca", el lanzamiento que hacían las mujeres. Intervenían diciendo: "Hijos y todas las cosas de comer me darán." Y mientras se realizaba el "yumca", decían: "Hijos hombres, chahua y cualquier otra comida me será dada."

Y cuando ya concluían de lanzar sobre las dos "chutas", en ese momento, todos los que habían acertado los tiros en el llamado "ojo" [del chuta], en la cabellera, le entregaban una llama a sus yañcas y les decían: "Con esto, cuéntale de mí a Omapacha." Y le entregaban la llama. Quienes tenían llamas, no llevaban las grandes sino las pequeñas, las que llamamos "yañcamusca" [dedicado al yañca], porque cualquiera que fuera el número de las que recibía [el yañca] se las comía todas.

Al día siguiente, muy de mañana, toda la gente solía ir a Quimquilla. Este Quimquilla era un huaca que tenía muchas llamas y que poseía mucho de todo. "Ha de apiadarse de mí", iban diciendo los pueblos, incluso los Allauca: "Allí he de pedir mi llama", decían. Y para ir donde ese huaca, llevaban chicha, el potaje llamado "ticti", y tocaban constantemente, hacían llorar el huanapaya. Al siguiente día, dicen, iban los Huichucmari; ellos son todos de Satpasca. Degollando sus llamas, decían: "Maduro, me hago fuerte."

De allí bajaba al sitio donde habitaba Quiraraya, a una pampa que está [de aquí] hacia arriba. Esa pampa se llama Huaracaya. En ese lugar, levantaban los denominados "chutas", como en Llacsatampo, el "llumsa" y el "huasca". "Es para la llama, es para el cerro, es para la hembra" diciendo, lanzaban tiros a las dos "chutas". Y cuando concluía el juego, así como en Llacsatampo, del mismo modo, entregaban llamas a los yañcas: "Con esto adora por mí; doy lo bueno", decían.

Luego regresaban de ese lugar. Así como se reunían para ir a Quimquilla e iban juntos, jalando cada quien sus llamas adornadas de *campanillas,* así, del mismo modo, volvían. A esta marcha le llamaban "carucaya". Era como si nosotros, muy suavemente, nos fuéramos moviendo, poco a poco, de ese modo caminaban y le llamaban a este andar "Bebo huaruca". Y es que bajaban bebiendo "huaruca." Tocando constantemente el "huanupaya", volvían.

Y todo lo que sabemos de esto que hemos llamado "machuhua", es cuanto hemos narrado hasta aquí.

Luego, ahora, sobre Llacsatampo yunca, dicen algunos: "Fueron hombres de Mutacaya." Otros afirman: "Fueron Collis." Pero estos Collis, dicen, habitaron en Yarutini. Acerca de lo que fueron ellos hablaremos en seguida.

CAPÍTULO 25

Ahora hemos de escribir de cómo los hombres Colli fueron llevados por el viento desde el lugar llamado Yurutini hasta la zona de los yuncas

Los hombres que tenían el pueblo Colli habitaban, se dice, en un lugar llamado Yarutini.

Cierto día llegó Pariacaca a este pueblo cuando los Collis estaban bebiendo. Pariacaca se sentó, humildemente, en un extremo de la concurrencia. Tenía el aspecto de un hombre desvalido. Nadie quiso, por esa razón, invitarle a beber. Sólo un hombre bebió con él. "Dame una vez más", le dijo Pariacaca a su invitante. El hombre aceptó y le volvió a servir. Entonces el huaca le pidió: "Permíteme mascar de tu coca." Y el hombre accedió igualmente. Pariacaca volvió a hablar: "Hermano [dijo]: has de prenderte bien de ese árbol, cuando, en cualquier tiempo, yo vuelva aquí. Pero no les cuentes nada de lo que digo a esos hombres. Que sigan gozando." Y, diciendo eso, se fue.

Cinco días después se levantó un viento muy fuerte. Y este viento *tomó* de sorpresa a los Collis, una y dos veces; los alzó y llevó muy lejos. Una parte de los hombres, así llevados por el viento, perdieron la razón y murieron; los otros cayeron en el actual pueblo vivo de Carauayllo, sobre la montaña. A esta montaña le llaman ahora Colli; y se dice que allí murieron todos, que no ha quedado ninguno de ellos vivo.

El único hombre que invitó a Pariacaca a beber en Yarutini, él, pudo salvarse del viento prendiéndose de un árbol. Cuando concluyó de llevarse [de Yarutini] a todos los hombres, [Pariacaca] le habló: "Hermano: estás completamente solo. Aquí has de habitar eternamente. Cuando mis hijos vengan a rendirme culto, cuatro veces te darán coca los huacasas para que mastiques, sin faltar jamás. Tu nombre será Capac Huanca. Así serás llamado." Y luego enfrió el cuerpo del hombre hasta convertirlo en piedra.

Cuando el *señor doctor Ávila* llegó hasta el sitio en que [Capac Huanca] estaba, lo partió haciendo trabajar a muchos hombres, y los trozos los hizo lanzar hacia abajo del cerro.

Eso es todo lo que sabemos sobre los Colli. Y tal como lo dispuso Pariacaca, los huacasas le dieron de masticar [a Capac Huanca] durante muchísimos años.

CAPÍTULO 26

Cómo Pariacaca venció a Macacalla y, después de haberlo derrotado, de qué modo dispuso de su hijos

Ya sabemos, pues, que los Macacalla habitaron en un cerro que está hacia arriba de *San Damián.* En este cerro de Macacalla tuvieron su pueblo los hombres de Pichcamarca, y también lo habitaron los llamados Sutca.

Un día en que ambos pueblos bebían, llegó Pariacaca. Luego de haber llegado, se sentó en un extremo de la concurrencia. Y como ocupaba un lugar humilde, nadie le invitó a beber. Enfurecido, a los cinco días, mató a todos los habitantes haciendo caer sobre la montaña una lluvia amarilla y otra lluvia roja. Pero algunos hombres cuentan de otro modo; ellos dicen:

Aquí, en Macacalla, cierto día, unos hombres jugaban con "rihui" [piedra pequeña amarrada con una cuerda] y otros bebían. Mientras tanto, sobre la cima de una montaña llamada Colli, apareció una nube, no grande, y, muy poco a poco, empezó a caer una lluvia roja. Luego, del mismo sitio, cayeron rayos. Como nunca había ocurrido ni creían que podía ocurrir algo tan raro, los hombres se atemorizaron. "¿Qué es esto?", se preguntaron algunos. Otros dijeron: "Son enemigos", y esperaron, alzados; otros huyeron.

Entonces, en ese pueblo, había un hombre llamado Armicu; como este hombre tenía muchos hijos, los sacó fuera y fue llevándolos, por delante, hacia una chacra que tenía. "Vamos, moriremos sobre nuestra chacra", diciendo, los llevó hasta donde tenía sus tierras. Y, apenas llegó a esas tierras, empezaron a enfriarse todos y se convirtieron en piedras. Hasta hoy están allí, el hombre y sus hijos, juntos, en forma de piedra. La gente los llama "Armicu".

Los hombres que salieron huyendo también fueron convertidos en piedras; dondequiera que los alcanzaba la lluvia roja, se convertían en piedra. Asimismo, la gente que se quedó en Macalla se enfrió hasta transformarse en piedra.

Pero había un hombre del ayllu de Sutca que no podía consolarse y habló llorando: "¿De este modo te he de dejar pueblo, padre pueblo, Macacalla? Ya estoy para irme; no tengo fuerza alguna para vencer a este *milagro* que te destruye." Y, mientras lloraba, cayó junto a él la cabeza de Macacalla. El hombre levantó esa cabeza e inmediatamente se convirtió en halcón. Y dicen que este hombre fue muy reverenciado.

Desde entonces, este Macacalla, como si fuera un hombre tuvo cabeza, manos y pies. Y así, como huyendo, formándose, de esa cabeza, los hombres empezaron a multiplicarse; habitaron en Llantapa, sobre cinco montañas. Cuando se formó un pueblo en esas montañas, tomó el nombre de Pichcamarca [cinco pueblos]. Y dicen que la cabeza de Macacalla está allí, en ese pueblo, hasta ahora.

Por esa razón, aquí, allá: "Tenemos a Macacalla", diciendo, llaman "Carincha" a sus hijos pequeños, a los que empiezan a caminar. También los Allauca, por tener pueblo Macacalla, emplean ese nombre de "Carincha" y, asimismo, los de Pichcamarca.

Después de estos sucesos, fueron *conquistados* por Tutayquiri. Y los ayllus Sutica volvieron a estas zonas próximas [donde habitan]. "Dentro de mis tierras, de mis chacras, dentro de mi pueblo voy a temer y adorar a Pariacaca y a Tutayquiri" diciendo, regresaron. Esos Sutica murieron en el ahora llamado pueblo de *San Damián,* los pocos sobrevivientes están en Sucsacancha y en Tumna; son pocos y nada más que ésos.

CAPÍTULO 27

Cómo, en la antigüedad, se decía que los hombres volvían al quinto día después de haber muerto. De esas cosas hemos de escribir

En los tiempos muy antiguos cuando un hombre moría, dejaban su cadáver así nomás, tal como había muerto, durante cinco días. Al término de este plazo se desprendía su *ánima,* "¡sio!" diciendo, como si fuera una mosca pequeña.

Entonces la gente hablaba: "Ya se va a contemplar a Pariacaca, nuestro hacedor y ordenador." Pero algunos afirman, ahora, que en aquellos tiempos no existía aún Pariacaca y que el ánima de los muertos volaba hacia arriba, hacia Yaurillancha. Y que, antes de que existieran Pariacaca y Carhuincho, los hombres aparecieron en Yaurillancha y Huichicancha.

Dicen también que, en aquellos tiempos, los muertos regresaban a los cinco días. Y eran esperados con bebidas y comidas que preparaban especialmente para celebrar el retorno. "Ya regresé", decía el muerto, a la vuelta. Y se sentía feliz en compañía de sus padres, de sus hermanos. "Ahora soy eterno, ya no moriré jamás", afirmaba.

Por esta causa, los hombres aumentaron, se multiplicaron con exceso. Y era muy difícil encontrar alimentos. Tuvieron que sembrar en los precipicios, en los pequeños andenes de los abismos. Vivían sufriendo.

Y cuando era así, tánto, el padecer, murió un hombre. Su padre, sus hermanos y su mujer, lo esperaron. Se cumplió el plazo, llegó el quinto día y el hombre no se presentó, no volvió. Al día siguiente, en el sexto, llegó. Su padre, sus hermanos, su mujer lo esperaban muy enojados.

Viéndolo, su mujer le habló con ira: "¿Por qué eres tan perezoso? Los demás hombres llegan sin fatiga. Tú, de este modo, inútilmente me has hecho esperar." Y siguió mostrándose enojada. Alzó una coronta y la arrojó sobre el *ánima* que acababa de llegar. Apenas recibió el golpe: "¡Sio!" diciendo, zumbando, desapareció; se fue de nuevo. Desde entonces, hasta ahora, los muertos no vuelven más.

CAPÍTULO 28

Cómo eran las "ánimas" en el tiempo de Pariacaca y de qué modo celebraban el día de "Todos los Santos"

Ya, sí, en *capítulos* anteriores hemos hablado cómo, al tiempo de ir a rendir culto a Pariacaca, lloraban y veneraban a sus muertos, les daban de comer, de esas cosas hablamos algo ya.

Recordando esas ofrendas que entregaban a sus muertos, ahora, quienes aún no se han hecho buenos *cristianos,* suelen decir: "Ahí está: los españoles también en este *'Todos Santos'* sirven a sus muertos. Vayamos nosotros, igual que ellos y como lo hacían antes, sirvamos en la *iglesia* a nuestros muertos." Y llevaban comida a la iglesia, potajes especialmente preparados, como en los tiempos antiguos.

Y cuando moría un hombre, recordando también los tiempos muy antiguos decían: "Nuestro muerto ha de volver dentro de cinco días. Esperémoslo." Y lo esperaban. Transcurridos los cinco días, el muerto aparecía. Y al término de esos cinco días, una mujer muy bien vestida, se dirigía hacia Yarutini. "Yo he de guiarlo; he de esperarlo" diciendo, partía; llevaba chicha y comida. Y así, dicen que a la salida del sol, en Yarutini, el muerto aparecía, llegaba. En los tiempos antiguos, afirman que dos o tres moscas muy grandes se posaban sobre la ropa nueva que llevaba la mujer. A estas moscas las llamaban "llasca anapilla". Y la mujer permanecía sentada muy largo rato, hasta que se iban algunos de los gusanos que se llamaban "huancuy"; entonces, ella decía: "Vamos ya al pueblo." Levantaba una piedra, de las más pequeñas: "Él es", decía. Y regresaba al pueblo llevando la piedra.

Cuando la mujer llegaba, encontraba limpia la casa del difunto, muy bien barrida, y porque ya estaba así limpia, le servían de comer [a la mujer] y, luego que concluía de comer, le daban de beber. Y los deudos, también comían porque el muerto estaba comiendo. Por la noche, al hacerse la noche, cantaban cinco veces, llorando, todo el ayllu. Concluidos los cantos, las cinco veces, arrojaban la piedra pequeña a la *calle*. "Ahora vete; no vamos a morir nosotros", le decían al muerto, al tiempo de arrojar la piedra.

Ese mismo día trataban de adivinar con una *araña*,* preguntándose: "¿De qué enfermedad se me habrá muerto?" Y si les respondían: "Porque éste se enojó o se enojó aquél; ésos, y también Pariacaca", sacrificaban un cuye a quienquiera hubiera sido ofendido *o* le dedicaban cualquier ofrenda. Son éstas las cosas ciertas que sabemos de estos hombres, de cuando han muerto.

Del mismo modo, también en Huarochirí o en Quinti, el día de *Todos Santos*, decían: "Vamos a poner en al *iglesia* sólo cosas calientes." Y así, llevaban a la iglesia papas cocidas, charqui con buen ají, maíz tostado, como para ser inmediatamente servido a la gente, y los depositaban en el suelo. Además, cada persona llevaba

* En el *Tercer catecismo*, sermón 19, julio 114R, Lima, 1585, y en *Idolatrías de los indios huachos, carta anual de 1613, del Colegio de Huamanga*, en *Revista Histórica*, t. 6., entrega 2, 1919, Lima, se encuentran minuciosas informaciones acerca de cómo se empleaban arañas para hacer predicciones. Datos bibliográficos ofrecidos por Pierre Duviols. Trimborn y Galante traducen *arañu* por máscara.

un *cantarillo* con chicha. Y cuando ellos ofrendan esas cosas y las ponen, seguramente sus muertos las reciben y comen y beben. Rememorando estas creencias, ha de ser que llevan comidas no frías, de cualquier clase, y las ofrecen [en la iglesia].

CAPÍTULO 29

Cómo alguien llamado Yacana baja desde el mundo de arriba [cielo] para beber agua. De eso y de las otras estrellas hemos de hablar, y de cuáles son sus nombres

Dicen que este Yacana al que hemos nombrado es como una sombra del llama, un doble de este animal que camina por el centro del *cielo*, pues es una oscuridad del cielo. Nosotros los hombres también, sí, lo vemos venir así, oscuro. Dicen que este Yacana [al llegar a la tierra] anda por debajo de los ríos. Es muy grande, sí; más negro que el *cielo* nocturno avanza, su cuello con dos ojos, y muy largo, viene. Los hombres lo nombran: Yacana.

Cierto hombre, en un instante de felicidad, de *ventura,* vio cómo Yacana iba cayendo sobre él; luego que llegó a la tierra, fue a beber agua en un manantial muy cercano. Mientras tanto, el hombre empezó a sentirse como aplastado por copos de lana que otros hombres esquilaban. Esto ocurrió durante la noche.

Cuando amaneció el día siguiente, el hombre fue a ver la lana que habían cortado. Era azul, blanca, negra, amarilla oscura, de colores mezclados; se parecía a toda cosa que tuviera color. Y, como no tenía llamas, vendió toda la lana inmediatamente y, en el mismo sitio en que cayó Yacana, allí lo reverenció. Luego compró un llama macho y otro hembra. Y, de esa sola pareja, llegó a tener hasta dos y tres mil llamas.

Afirman que visiones como la que contamos se presentaron ante muchas personas en esta *provincia.*

Dicen que este Yacana baja a la media noche, cuando no es posible que lo sientan ni vean y bebe del mar toda el agua. Dicen, que si no bebiera esa agua, el *mundo* entero quedaría sepultado. A la mancha oscura que va un poco adelante de esta sombra que llaman Yacana, le dan el nombre de Yutu [perdiz]. Y dicen que Yacana tiene hijos y que, cuando ellos empiezan a lactar, despierta.

También hay tres estrellas que brillan casi juntas. A ellas les llaman *"Cóndor"*, y a otras les dan el nombre de "Gallinazo" y de "Halcón." Y cuando las *Cabrillas* aparecen, de gran tamaño, dicen: "Este año vamos a tener maduración excelente de los frutos", pero cuando se presentan muy pequeñitas, dicen: "Vamos a sufrir."

A las estrellas que brillan moviéndose y en conjunto, las llaman "Pichcaconqui". Pero a las que vienen grandes, muy grandes, las llaman: "Pocochorac, Huillcahuarac, Canchohuarac"* así las nombran. En la antigüedad, una parte de la gente rendía culto a estas estrellas grandes. "Ellas crean, mandan", decían. Otros veneraban a estos huacas cuando ya aparecían; pasaban la noche sin dormir ningún instante: "Desde aquí voy a hacer que venza", afirmaban.

Eso es todo lo que sabemos.

* "Que pone la maduración", "Que hace amanecer al sol", "Que hace aparecer el resplandor."

CAPÍTULO 30

Cómo en la laguna de los Allauca hay dos huacas, hombre y mujer; vamos a escribir de este asunto

En tiempos muy antiguos había un hombre que se llamaba Anchicara.

Este Anchicara estaba siempre junto a un manantial que se llamaba Puruy; cuidaba el agua a fin de que fuera a las chacras de los Allauca.

Cuando se encontraba así, cuidando, llegó al sitio una mujer muy agraciada, de Surco; la mujer se llamaba Huayllama. Llegando, le dijo: "Hermano: a mi chacra llega sólo un poquito de agua. Tú eres el único que llevas toda esta agua. Y nosotros ¿de qué hemos de vivir?" Luego que habló, se metió al ojo del manantial; allí se sentó.

Anchicara, éste del que hablamos, se *enamoró* al instante de la mujer, porque era muy hermosa, y la saludó con gratas palabras. La mujer entonces no permitió que soltara el agua hacia aquí [lugar donde habla el narrador]. Anchicara le habló. "No, hermana, no hagas eso. ¿De qué han de vivir mis hijos?" Y volvió a dirigirse a ella, gratamente. En ese momento se presentaron los hijos de éste al que hemos llamado Anchicara y echaron la corriente del agua hacia la laguna que lleva el nombre de Lliuya. Esa laguna está formada por dos pequeñas que se encuentran muy cerca del manantial del que hablamos, un poco abajo; se llaman Lliuyacocha y Tutacocha.

En esta laguna hay ahora tres o cuatro piedras largas, pequeñas, de formas parecidas entre sí. Están de pie, sobresaliendo del agua. Dicen que son los hijos de Anchicara. Si los hijos de Anchicara no hubieran desviado el agua del manantial hacia la laguna, aquí [el lugar de origen del narrador] habría llegado muy poca agua, pues aun así la que ahora sale de la laguna es escasa.

Cuando Anchicara concluyó por no ceder el agua a la mujer Huayllama, pecaron ambos, y: "Aquí hemos de quedarnos para siempre" diciendo, se convirtieron en piedra. Esa piedra está allí, ahora, así como los hijos de Anchicara se encuentran en la laguna Lliuya. Eso es todo lo que sabemos de estas cosas que hemos contado.

Luego, mucho tiempo después, cuando ya vivían en este pueblo, entonces, los huacasas de Allauca iban al manantial Puruy. Cuando acababa el tiempo o turno de las lluvias, iban a limpiar el acueducto. Entonces los huacasas, fueran muchos o pocos, en cuanto llegaban a la laguna Lliuya, soplando y tocando sus antaras, tomaban el agua de la superficie de la laguna; luego, iban a saludar al agua donde está Anchicara, y al tiempo de saludarlo, le ofrendaban un poco de coca. Volvían, en seguida, a la laguna, después de haber saludado a Anchicara, y adoraban a los hijos de éste, en la misma laguna Lliuya Tutacocha, y a la propia laguna también la adoraban. En los tiempos antiguos sacrificaban llamas; ahora, en la actualidad, como ya no tienen llamas, les ofrecen sólo cuyes, sólo ticti, o cualquier otra cosa. Cuando concluían las ceremonias empezaba el trabajo de la limpieza de las acequias para toda la gente.

Aquí termina el relato sobre cómo fueron y son las cosas de que hemos hablado.

CAPÍTULO 31

En el capítulo anterior hablamos de una laguna, del mismo modo ahora vamos a ocuparnos de la laguna llamada Yansa, del ayllu de Concha

Cómo, en los tiempos antiguos, todos los pueblos de los que hemos hablado tenían muchos hombres yuncas, ya lo explicamos en los *capítulos* anteriores. Yuncas como ésos vivieron en los campos de arbustos de Concha. Mientras ellos habitaban esas tierras, dijimos en *capítulos* anteriores que otros hombres aparecieron desde Yarillancha, de Huichicancha, y algunos dicen que también de Quinua; así, del mismo modo, se dice que los hombres de Concha nacieron de Yarillancha, que nacieron en número de cinco, brotaron de debajo de la tierra.

Los nombres de estos cinco hombres, empezando por el mayor, fueron los siguientes: Llacxsamisa, que vino con su hermana Conocuyo; después Pauquirbuxi y después Llamantaya. Los tres hombres juntos vencieron a este pueblo. Los otros dos hermanos, uno de nombre Hualla y el otro, Calla, se quedaron un poco atrás por habérseles adelantado los tres primeros. Como se quedaron rezagados del modo que ya hemos dicho, equivocando el camino se dirigieron a Yauyo: "Hacia allá habrán ido nuestros hermanos" diciendo, tomaron ese camino. Cuando se dieron cuenta del error y volvieron hacia donde habían ido sus hermanos, encontraron que éstos ya se habían repartido las tierras y todo lo que era posible repartirse.

Dicen que son hijos [descendientes] del antiguo Hualla estos *Lázaro* Puypurocsi; que cuando el hijo mayor del antiguo Llacxsamisa estaba a punto de morir, y como Casachauca, *abuelo* de *Lázaro* Puypurocsi, era *sobrino* de Llacxsamisa, ese hijo mayor le habló a Casachauca sobre la laguna Yansa: "Ella ha de entrar a formar parte [de las posesiones] de la persona que yo diga, porque yo, sí, estoy muriendo." Y diciendo esto le dejó, a él, la laguna. Y, afirman que fue desde esos tiempos que la laguna entró a la zona en que él manda [los descendientes de Llacxsamisa]. Y aquí hemos de dejar, ahora, a Hualla. Hablaremos en seguida de los tres hombres que llegaron [a Concha], de cómo vinieron.

Así como dijimos hace un rato [de los hombres que habitaban Concha] "Se afirma que eran yuncas", también dicen que, antes de la llegada de los tres hermanos, sacaban agua de la laguna Yansa para regar las chacras y que había agua de *sobra,* y que por eso sembraron toda la tierra hasta el pie del cerro Llantapa. Que así vivían muy felices. Mientras esa gente vivía feliz, nacían estos tres hombres, empezando por el mayor Llacxsamisa; nacían de debajo de la tierra, en Yaurillancha. Salieron con un gorro de piedra. El gorro se llamaba "llacsa yacolla." Trayendo sus gorros de piedra, dicen que vinieron esos tres hombres. Llegaron a un sitio llamado Yanapuquio, que está un poco hacia arriba de Yansa. Allí descansaron, bebiendo.

Entonces, los hombres yuncas oyeron decir: "Allá están sentados tres hombres que causan espanto", y fueron a verlos. Llacxsamisa los vio llegar y les mostró su gorro de piedra "llacsa yacolla." Cuando vieron el gorro de piedra, los hombres se reunieron, al instante. Estando así reunidos, viéndose así juntos, algunos yuncas dijeron: "Vámonos de aquí. Si esos tres hombres nos alcanzan, nos matarán a todos." Espantados, repitiendo estas palabras, los yuncas huyeron abandonando su pueblo y sus chacras.

Uno de estos yuncas (no recordamos su nombre) mientras huía, como ya hemos dicho, dejó a su hijo en Cunchasica. El hijo se llamaba Yasali. En lugar de él llevó a un niño que criaba. Huía de noche el padre de este Yasali. Y así, cuando ya se encontraba en frente de Caparicaya, en la cuesta hacia Yanasiri, amaneció. Con la luz reconoció al desvalido que había criado. Llorando a torrentes sin saber cómo volver, el hombre siguió huyendo tal como estaba. Mientras tanto, Yasali, el abandonado, se escondió debajo del sitio en donde hay ahora, de pie, una *cruz*. Como era niño, tenía miedo.

Y llegaron al pueblo los tres hombres de quienes hemos hablado.

Apenas llegaron, empezaron a repartirse las casas y todas las pertenencias y cosas útiles. Buscando los campos, Llacxsamisa encontró al niño. "Hijo mío, no tengas pena; vivirás conmigo. Si mis otros hermanos dijeran 'Matémoslo', yo te defenderé. A cambio, tú pastarás mis llamas", hablando estas palabras le habló. Cuando los otros hermanos vieron al niño, dijeron: "Que muera. *Porque* este niño podrá decir, más tarde, estas chacras, estas tierras son mías." Hablaron mirando al niño con mucho odio. Y Llacxsamisa, al que hemos nombrado, contestó: "No. ¿Para qué vamos a matarle? Que viva sano y bien. Él nos mostrará todos los alimentos, las chacras, todas las cosas que hay." Así dijo. Pero los otros hermanos no aceptaron: "Que muera", insistieron. Entonces, Llacxsamisa, con gran enojo y enojándose, dijo: "Hermanos: ya he hablado varias veces. Cuidado con que vuestros gorros vayan a ser arrojados a la laguna. Yo digo: ha de vivir." Sólo entonces los otros hermanos se quedaron callados. Y, desde ese momento, Llacxsamisa dejó en libertad al muchacho e hizo que viviera pastando las llamas de su pertenencia.

Cuando Yasali, el pastor, estaba dedicado a cuidar llamas, se encontró con Cunocuyo, una hermana de Llacxsamisa. Ella venía de Yaurillancha. Se encontraron y se juntaron. Y así, cuando Yasali era ya hombre de edad y entendimiento, vino de Omapacha, de Yaurillancha, y fue Yañca. Este Yasali que nombramos, dicen que fue *abuelo* de *Cristóbal* Chaucahuaman.

Y allí, en Omapacha, del mismo modo como los Checa, capturando y poniendo un "huayo", bailaban y cantaban cinco días, así también cantaban y bailaban. Y después, levantaban "chutas", para hombres y para mujeres y clavaban sobre ellas dardos. Y luego iban a hacer adoraciones en favor del aumento de las llamas, como los Checas. También hubo huacasas en Concha, y celebraron los turnos de fiestas de Pariacaca y de Chaupiñamca. Pero [estos huacasas] bebían sólo un día con los Checas. Eso es lo que sabemos sobre la vida de estas gentes.

Y ahora vamos a hablar de la laguna llamada Yansa.

Este Llacxsamisa, del que hemos hablado, apenas llegó con sus hermanos a Concha, entonces, recibió toda clase de alimentos [en el reparto] y recibió también la laguna Yansa. Y Pauquirbuxi, de quien también hemos hablado, recibió Huaychucoto; y Llamantaya, al que nombramos, recibió la casa Huayusana. Una vez que recibieron estos bienes, cada quien empezó a vivir por su cuenta, solos.

Llacxsamisa comenzó a venerar a la laguna Yansa, a *servirla.* En Yansa, dicen que había un huaca que se llamaba Collquiri. Como eran *servidos* [el huaca y la laguna], los hombres de Concha tuvieron agua que fortalecía el maíz del cual se alimentaban, durante incontables años. Fue en ese tiempo que el huaca Collquiri sintió un gran deseo de tener mujer. Y la empezó a buscar caminando hasta Yauyo, a Chaclla; la buscó por todas partes. Y aun así, habiéndola buscado en esta forma, no encontró ninguna.

Entonces, un día, Cuniraya, de quien sabemos quién es, le dijo: "Oye: tu mujer está muy cerca, por aquí no más." Al oír estas palabras, el huaca se regocijó mucho, y nuevamente se puso a andar.

Desde la cima de una montaña, que está arriba de Yampilla, empezó a mirar hacia Yampilla. Y vio a una mujer excelsa, de las más excelsas; estaba cantando. El nombre de esta mujer, dicen, era Capyana. Y como vio que era tan bella, inmediatamente: "Ésta ha de ser mi mujer", decidió en su corazón. Al instante envió a uno de sus *muchachos*. "Anda, hijo [le ordenó], anda, dile a esa mujer: 'Madrecita: una de tus llamas ha parido en la montaña que está cerca, arriba; con estas palabras le contarás, a ella. Al oír la noticia, vendrá en seguida." De este modo envió al mensajero.

El hombre fue, cuando se le ordenó de este modo. "Madre mía: tu llama ha parido aquí cerca, arriba de este cerro" diciendo, le contó. Al oír la noticia la mujer se dirigió a su casa, inmediatamente, muy contenta.

Ya en su casa, colgó un tambor de oro en el centro de su cuerpo y guardó dos pequeñas bolsas de coca dentro del seno; después, llevando un porongo de chicha, se fue muy apurada, hacia el cerro. A esto que llamamos puruncu [porongo], los de Concha le dan el nombre de lataca.

Cuando el huaca Collquiri vio venir a la mujer, de ese modo adornada, se marchó al instante hacia Yansa. El *muchacho* que le sirvió de mensajero guió, mientras tanto, a la mujer: "Ya estamos por llegar, es por aquí cerca", le decía, mintiendo. Collquiri se convirtió en un callcallo, y esperó, un poco hacia arriba de Yansa Yampilla.

En cuanto llegó, la mujer quiso atrapar al callcallo: "Voy a agarrarlo", dijo. Al oír esta voz el callcallo, saltando de un sitio a otro, no se dejaba atrapar. Al fin, la mujer pudo agarrarlo y lo guardó en su seno. Pero al tiempo que corría detrás del callcallo, la mujer derramó del rataca (lataca) un poco de la chicha que traía. Esa chicha derramada se convirtió en un manantial que hasta hoy se llama Ratactucpi.

El callcallo, mientras tanto, bajó del seno de la mujer hacia el vientre y allí le hizo una herida grande y dolorosa. "No sé lo que puede ser este animal" diciendo, la mujer pretendió verlo. En ese momento, el callcallo cayó al suelo y quedó convertido en un hombre joven y hermoso. "Hermana: tú me acariciaste a mí, me pusiste en tu seno ¿qué hemos de hacer? Yo fui quien te hizo llamar", le dijo el hombre, con voz dulce; así la saludó.

La mujer quedó *enamorada* al instante del mozo. Y siendo así, durmieron juntos. Como ya habían dormido, ya después, él la llevó al pueblo de la laguna Yansa.

El padre, la madre, los hermanos y todo el ayllu de la mujer, la buscaban, llorando. "¿Adónde pudo haber ido?" preguntándose, la buscaban. Tiempo después, mientras aún preguntaban por ella, un hombre de Yampilla, de nombre Llacahua, dijo: "Tu hija ha engrandecido mucho; su marido es alguien que no sé bien qué es." Al oír estas palabras, todos vinieron. Cuando encontraron a la mujer, le hablaron a Collquiri: "¿Para qué robaste a mi hija, a mi hermana? ¿Fuiste tú quien hizo que, hasta el cansancio, la buscara por todos los pueblos? Ahora he de hacerla volver." Así le dijeron. Él contestó: "Padre, hermano, tú me reconvienes demasiado por no haberte avisado a ti, mi padre. ¿Qué puedo darte en cambio? ¿Casas, chacras, llamas, hombres? ¿No basta eso? ¿Oro, plata? ¿Qué es lo que necesitas o deseas?"

El hermano no creyó en las promesas y dijo: "He de llevármela, de todos modos." Oyéndolo, ella contestó: "Yo no puedo volver; también yo me *casé* de todo corazón." Entonces Collquiri, al oír esta respuesta, habló: "Padre: tú no puedes quitarme a mi mujer. Ya, sí, te ofrecí darte todo lo que quieras. ¿No aceptarías la humedad que camina [ucuricuc]?" Entonces, un hombre que se encontraba detrás de los hermanos de la mujer, habló: "Padre, reúnenos. ¿Qué es el ucuricuc?" Prestaron atención a lo que dijo este hombre y tomaron acuerdo, despacio, en orden, todos, consultándose. Después habló el mayor: "Está bien, hijo: haz de mi hija tu mujer, pero cumple la promesa que acabas de hacer." Y concluidas de pronunciar estas palabras, se fueron. Collquiri le dijo: "Padre: dentro de cinco días nos encontraremos en tu pueblo."

Cumpliendo su promesa, Collquiri fue caminando debajo de la tierra durante cinco días, hacia Yampilla. Cuando ya había avanzado lejos, dudó. "¿Adónde estaré yendo?" preguntándose, quiso salir afuera; se encontraba en ese momento, por ahí, en la otra banda de Aparhuayqui. Apenas sacó la cabeza, el agua empezó a brotar como una *fuente*. Entonces, cerrando la grieta con un poco de leña, volvió dentro de la tierra. Y caminando así, salió afuera, arriba de Yampilla, cerca. El manantial que se formó en ese lugar lleva, hasta ahora, el nombre de la mujer [de Collquiri], Capyama.

Cuando se formó el manantial llamado Capyama, salió tanta agua de allí que amenazaba arrasar todas las tierras de los Yampilla. Empezó a arrastrar las ocas que estaban secándose al sol, la quinua que estaba tendida en las eras, todo cuanto tenían los hombres lo alcanzaba el agua y cargaba en su corriente.

Entonces, los hombres de Yampilla, enfurecidos, gritaron: "¿Para qué has juntado tanta agua? Hazla volver en seguida. Nosotros ya estamos acostumbrados a tener poca agua." Hablaron todos, juntos. Al oír el griterío, los padres de Capyama, llamaron: "Yerno: todos los hombres están enfurecidos contra mí. No sueltes tantísima agua. Cierra el manantial; oye, Collquiri, detén esa agua"; así le hablaron.

Collquiri pretendió tapar la boca del manantial con todo lo que tuvo a la mano; pero el agua derribaba los tapones, y vencía, corría atropellando todo. "¡Cierra!", le seguían gritando, y como el vocerío aumentaba, el mismo Collquiri volvió a entrar en la fuente; se quitó el manto [yacolla] con que estaba vestido y, además de cubrir con la tela la boca de la fuente, él mismo se sentó sobre el ojo del manantial. Sólo entonces disminuyó la fuerza de la corriente. Este manantial que, para brotar, es cernido por el tejido del yacolla de Collquiri existe todavía en la actualidad.

Y así, cuando la boca de la corriente de agua fue atracada, empezaron a brotar otros manantiales en lugares próximos, donde nunca hubo agua. Pero, entonces, el agua de los hombres de Concha comenzó a secarse y esa gente se enfureció. "¿Por qué regala el agua [a Yampilla]? ¿Con qué hemos de vivir nosotros?", decían enojados. Y fueron donde Llacxsamisa, del que hemos hablado, que era el vigilante del agua. "Oye, Llacxsamisa ¿por qué haces que se seque nuestra agua?", le preguntaron. "¿Con qué ha de seguir viviendo la gente?" Y, hablando, todos los Concha lo arrojaron a la laguna.

El huaca Collquiri, viendo lo que ocurría, pensó: "Es verdad lo que dicen. ¿Con qué han de vivir ellos?" Y envió a uno de sus muchachos [huarma] que se llamaba Rapacha; le dio esta orden: "De un extremo de esta laguna, por dentro, haz caer tierra y piedras. Así señalaremos lo que corresponde a estos hombres de Concha." Rapacha, entonces, al que ya nombramos, empezó a desatar la laguna. Apenas el muchacho comenzó a deshacer la laguna, Collquiri se puso a construir un muro nuevo, uno muy alto; comenzó a trabajar desde los cimientos. Ese muro [que contiene el agua] y que fue hecho sin tierra ni barro es, hasta ahora, como si fuera la propia boca de los hombres de Concha. Así lo dicen.

Cinco veces explicó Llacxsamisa a los hombres para que recordaran bien lo señalado: "Cuando el agua haya llegado a este sitio, cerrarás la boca de la laguna. Entonces, en ese tiempo mismo, llevarás el agua hacia abajo, a las chacras. Soltarás esta agua cuando el sol haya salido. Sólo cinco veces debes regar el maíz 'añay'. Para que se cumplan estas instrucciones, tú has de dar la orden", dijo. E hizo que reconocieran bien las piedras que él iba mostrando como señales [de la capacidad de la laguna]. Y como hizo reconocer bien las señales, los descendientes de esos hombres, generación tras generación, hasta ahora, observan las instrucciones que dio para el reparto, ellas son respetadas porque son ya una *costumbre.*

A las medidas que tiene la laguna los hombres la llaman "cospitacri" y también le llaman "turcacaya." Enseñó, pues, bien, sobre las piedras, cómo debían conocerse esas medidas de la laguna; sólo conociendo esas instrucciones pueden distinguir nuestros ojos como ojos adiestrados [todas las señas del estanque].

Desde entonces, los hombres de Concha, más o menos por el mes de *marzo,* van, hombres y mujeres, a cerrar la boca del estanque. Para ese acto de cerrar la puerta del estanque, llamado "tupucuy", Llacxsamisa dijo: "Habrá tiempo suficiente", y diciendo esto y otras palabras, fijó las señales y dio instrucciones. Y todos los de Concha respetaban lo que su boca dijo: creyendo en él iban.

Y cuando hubo yañca, él mandaba cumplir, en cada turno y tiempo, lo que había establecido: "Ya ha de haber [agua] para el riego, habrá días suficientes", decía, y sólo lo que él mandaba se cumplía; todo se hacía en Concha conforme a lo dispuesto. Aun a la medianoche, cuando el agua del estanque empezaba a desbordarse, el yañca echaba afuera a todos los hijos de Llacxsamisa, dondequiera que habitaran: "Anda [les decía], es tu parte." Y como el único *oficio* del yañca era éste, cuidaba de cumplirlo de día y de noche, aplicaba las reglas que habían quedado en la memoria. "Vivimos porque él existe; no tendría fuerza el maíz y no habría vida si él no nos protegiera", decían, y le temían.

Y por la misma causa, los hijos y hermanas [descendientes] de Llacxsamisa, vigilaban *cuidadosamente* la laguna: "No vaya a rebalsar el agua del estanque", decían. Porque, cuando el agua se desbordaba de la laguna en Yansa, se precipitaba hasta el río, blanca, como si se hubiera convertido en nieve, de repente, y de verdad, en estos casos, se convertía en hielo. Por eso la *cuidaban.*

Como dijimos ya, por todo lo que dijimos, para ir a tapar la boca de la laguna Yansa y sacar el agua, iban también huacasas. Pero no dejaba de ir ninguna persona, hombre o mujer; salía la gente de todas partes y ofrendaba cada quien, a solas, coca y chicha, durante el acto de cerrar la boca del estanque. Y todo lo que ponían como ofrenda a la laguna Yansa lo recogía el yañca, él lo recibía. También llevaban una llama o sus cuyes, y también, ticti, todo producto o cosa con la que se podía adorar, sacrificando u ofrendando. Y así, cuando todos habían entregado las ofrendas y se había llevado la cuenta, mediante quipus, del número de los ausentes, el yañca empezaba la adoración; oraba: "Padre

Collquiri: tuya es la laguna, también el agua. Dame bien, el agua, este año." Y ya, cuando el yañca concluía de decir estas palabras, empezaba a masticar su coca y a beber su chicha.

Luego, hombres y mujeres iniciaban el trabajo de cerrar la boca de la laguna. Cuando el agua empezaba ya a empozarse, cinco veces iban, con tres o cuatro huacasas, siempre. Poco antes de esta última ceremonia, dicen que un hombre y una mujer entraban a alguna chacra muy grande; llevaban chicha en un cántaro también grande, uno o dos de sus cuyes y coca y, venerando con estas ofrendas, iban a soltar el agua.

Todo cuanto hemos dicho es lo único que sabemos sobre Yansa.

Luego sabemos que estos hombres de Concha fueron hijos muy menores de Pariacaca y Tutayquiri, hijos apenas tomados en cuenta, y por eso les dieron poquísima tierra y muy poca ropa. Y la fiesta de Pariacaca y Chaupiñamca la celebraban en la misma forma que los Checas, también hacían lo que llamamos el "chancu", igual. Ya, sí, de estas celebraciones hemos hablado en los *capítulos* anteriores.

Ahora sepamos algo sobre los hijos de los hombres fundadores [de Yansa], de los que ya hablamos.

Los descendientes de Llacxsamisa murieron todos. Ya dijimos hace un rato cómo, cuando estaba para morir, prohijó al padre de los hijos de su *sobrina* Conucuyo, el hombre llamado Yasali, a él y a sus hijos.

El que se llamaba Hualla se extravió de camino; sus hijos regresaron de Yauyo y quedaron rezagados. Descendiente de este Hualla es ahora *Lázaro* Puypurucsi. Los hijos de este Hualla, los *Lázaro* Puypurucsi, al entrar a la descendencia de Llacxsamisa, dejaron de ser Hualla, desaparecieron. De esta rama sólo sobrevive una mujer que no puede tener hijos, esposa de Anyaruri.

Descendientes de Pauquirbuxi existen ahora algunos; viven.

De Llamantaya quedan tres cabezas de familia: Rur icancha, Cusinchauca, Tacyacancha. Ellos son descendientes de Llamantaya.

Después, de Haulla, ya sí, hemos hablado, hablamos de *Lázaro* Puypurucsi, su descendiente.

Después en cuanto a los descendientes de Calla, están ahora *Gonzalo* Paucarcasa, Latacacanya, ésos, más o menos ésos.

Estos Checa, sí, se multiplicaron, del tronco de esos cinco hombres que aparecieron en Yaurillancha y vinieron. Pero los hijos de Llacxsamisa, todos murieron.

"Soy Llacxsamisa" diciendo, sí, los descendientes de *Lázaro* Hualla *heredan* este *ofiçio* [¿la jerarquía de ser Llacxamisa?], por ser, de veras, sani* del fundador.

Sólo esto sabemos sobre la vida de los hombres de Concha.

* No hemos podido traducir esta palabra, *sani*.

Los suplementos

El estilo de estos suplementos ya no es oral. Fueron escritos probablemente por algún mestizo que presenció y participó de los ritos y ceremonias que describe, pero no creemos que de todos. El mismo se refiere a cómo se sabe que entre los Huancas, enemigos de Pariacaca, Yauyos, Huamantanga y Lima, pueblos muy lejanos de Huarochirí, se cumplen las ceremonias que se realizan con motivo de corte de pelo del *ata*. El estilo es frecuentemente abigarrado y presenta dificultades para el lector, que padece para alcanzar a descubrir el sentido de ciertas oraciones. En más de un caso este sentido queda vago. Así, el párrafo final del segundo suplemento: "ychapas chay yna alli causana ñispatacmi huaquinin runacunapas huchaman chaya (n) ycurcancu — chaycunacta ricuspa — ynaspari cay quimça huatamantam rutuña ñispa ñircanchic..." es oscuro. La narración no fluye con la sencillez y entusiasmo que se percibe a lo largo de los treintiún capítulos anteriores, en algunos de los cuales se describen ceremonias sumamente complicadas, tanto o más que éstas que se narran en los suplementos.

Además, las páginas del suplemento están cargadas de aclaraciones escritas en castellano. Algunas de ellas muestran dominio sobre el idioma y son innecesarias para el lector quechua, como la explicación que da de la palabra *manya* ("esto es, de un lado") o de *chisi* ("esto es, la noche antes del día dicho"); es igualmente innecesaria la aclaración muy explícita que hace con la oración: "que no tuvieron coito", pues la descripción previa, aunque muy recatada o indirecta, es suficientemente clara para un hablante quechua. La acotación que escribe luego de la frase: *yma ayca huachanmantam ñispa taporcan* ("esto es, la opinión del vulgo, no la respuesta") no aclara nada, al contrario, causa confusión. En cambio algunas otras son convenientes, como la que se refiere a la laguna de Yansa, de la cual dice que es de allí de donde viene el agua a los Conchas, porque, aun cuando se dedicó un capítulo a esta laguna, la descripción quedó muy atrás; sin embargo, esta frase puede hacernos suponer que el autor de los "suplementos" no estaba tan cabalmente enterado del contenido de todo el manuscrito.

El estilo general de los "suplementos" revela que el autor no escribió la narración al dictado de algún informante sino que él era quien redactaba y no había alcanzado a tener dominio sobre el lenguaje escrito. En numerosos casos las palabras e incluso los períodos mayores no están siempre bien relacionados entre sí, por esa razón debemos confesar que la traducción se hizo en forma penosa y sin que hayamos tenido constantemente la seguridad de que estaba bien ajustada a cuanto el original intenta expresar.

En todo caso, no creemos que el autor de estos "suplementos" sea el o los mismos de los treintiún capítulos anteriores ni el doctor Ávila. Nos atrevemos a suponer que fuera un mestizo semidocto, algo pedante y con cierta perturbación o dificultad para el buen empleo del lenguaje escrito del runasimi, pues, por las pocas muestras que ofrece de la escritura del castellano, ellas aparecen muy correctamente compuestas.

J. M. A.

PRIMER SUPLEMENTO

Desde los tiempos antiguos hasta ahora, cuando algún hombre, en cualquier pueblo y en un solo acto hacía parir hermano y hermana o bien dos hombres o bien dos mujeres, ocurría algo que vamos a narrar en seguida. A quienes nacen de este modo les llamamos curi.

Cuando ocure un parto de esta clase, aun si se produce de repente y en cualquier pueblo, suelen llevarlos [a los padres y a los recién nacidos] esa misma noche al pueblo, así sea en Sucyacancha o en Tumna. Del mismo modo, en los tiempos antiguos, los llevaban inmediatamente a Llacxatambo, pueblo de los Checa, y nunca hacían el traslado durante el día pues temían que pudiera caer helada. En todos estos alrededores se cree y se hace lo mismo.

Y así, dondequiera que nacieran curis, inmediatamente y en una casa cerrada, muy oscura, los padres permanecían echados, sin moverse *hasta* cinco días. Al quinto día se daban vuelta y continuaban inmóviles. Y en ese día todos los masa se reunían en la casa donde habían nacido los curi; se reunían cantando y tocaban sus huancar [tambores] ellos mismos y no las mujeres; entonces eran los hombres quienes golpeaban los tambores. Pero, antes de comenzar los cantos, preguntaban al supay [demonio], con una *araña* o un chanapari, cuál de los masa debía ir adelante llevando a los curi mientras cantaba. Los demás masa que allí estaban, ellos, escogiendo a cinco, por su propia boca, los *señalaban*. Estos cinco, en cuanto oían la voz que los elegía, salían inmediatamente a conseguir coca; de día y de noche la buscaban sin descansar, cambiando para obtenerla todo cuanto les era posible. Los otros masa, igualmente, no pensaban sino en competir para obtener coca, cualquiera que fuera el número de ellos. Y así, como dijimos más arriba, que los padres se daban vuelta al quinto día, desde ese día, todas las noches, cantaban sin cesar, hasta que llegara otro quinto día. Al final de este quinto día mostraban sus bolsas de cuero como si dijeran: "En esto voy a llevar coca mañana"; y a los que no tenían coca en sus bolsas sólo los hacían cantar. Y de ese modo, desde que los padres se daban vuelta para cambiar de postura, se cumplían cinco días, con lo que llegaba a diez días el tiempo que permanecían encerrados. Mientras tanto, los cinco masas que habían salido antes, atrapaban cualquier *animal* salvaje, aunque fuera un venado pequeño y, en cuanto lo llevaban, hacían salir a los curi a la pampa; y ya eso es otro asunto. Permanecían tocando el *caracol,* el llamado [ ]paya.* Otros eran los que iban llevando el pupuna (*es la vara con el lazo que coje papagayos pero con lazo ni tan largo*), y otros eran también los que llevaban el llamado sacaya. Este sacaya consistía en un poco de maíz molido con ticti, y el hombre que lo llevaba no era masa *sino* un pariente próximo de los curi. En cambio, los masa llevaban el venado, antes que las otras cosas; lo llevaban hasta la casa temida en que estaban los curi, y allí hacían que pisaran con sus pies al venado. "He aquí que ya te van a mezclar, que te han de hacer aplla", le decían (*y luego lo sacavan y matavan*). En seguida, todos los concurrentes, rápidamente, comían la carne del venado sin desperdiciar nada.

Después, y tal como lo dijimos hace un rato, cumplido el décimo día, sacaban a los curi, envueltos en ropa grande, de modo que no podían ser vistos. Entonces, toda la gente y los masas, de tres en tres o de dos en dos, agarrados de las manos y jalándose unos a otros, iban cantando y llorando. Los que jalaban, arrastraban a los parientes de los curi. Y mientras así se jalaban, solían decir: "He de darte una chacra" o "He de darte una llama". Y cuando ya llegaban a la pampa, así como ahora llevamos *el mango de la cruz* por delante, en las *procesiones,* así llevaban el venado (*esto es, el pellejo y cabeça embutido de paja porque ya la carne era comida como se ha dicho*), lo llevaban muy bellamente, entre la pupuna y la *lanza,* ordenándolo, ordenándolo todo bien, y muy por delante de todas las cosas. Y así, cuando quien cargaba el venado llegaba a la pampa y

* Huanapaya.

lo depositaba en el suelo, allí, un hombre o mujer, pariente de los curi, obsequiando una llama o una chacra hacía que descansaran. "Descansa con esto", decía. Entonces, en el lugar de este modo señalado para el descanso de los mellizos, en llegando allí, se sentaban el padre y la madre y pasaban el día entero, muy agasajados. Los masa, de todas partes venidos, compitiendo en obsequiarse coca los unos a los otros, cantaban y bebían todo este tiempo. Al anochecer, volvían a la casa, al mismo sitio donde antes estuvieron. Y nuevamente permanecían así otros cinco días. Cumplidos los cinco días, los trasladaban a otro *aposento*. Pero, antes de que se hiciera cuanto se ha contado, los masa traían leña y la depositaban en colcas muy grandes; esto se hacía al día siguiente del nacimiento de los mellizos. Olvidamos de anotar esto al principio, donde correspondía. Y hacían arder la leña, sin cesar, todas las noches: "No sea que cualquier mal presagio les llegue", pensando. Cuando concluían de cumplir todas las ceremonias que hemos dicho, llevaban a los mellizos y a sus padres hasta la laguna de Yansa (*esto es, el de donde viene el agua de los Conchas*). Preguntaban antes al demonio: "¿Dónde hemos de lavarlo de sus culpas?" Y los conducían a la laguna. Allí preguntaban a un hombre llamado Conchuri, que era sacerdote del demonio: "¿Por qué y a causa de qué culpas nacieron mellizos?", (*esto es, la opinión del vulgo, no la respuesta*). Y la gente decía: "Este hombre ha nacido curi a cambio de su muerte." Y entonces, "por esta causa, por esa culpa" diciendo, bañaban a los dos. Y, asimismo, bañaban ya a uno ya al otro mellizo *hasta* o durante el tiempo que consideraban que era la medida de la culpa cometida, aun cuando alguno de ellos se mostrara como a punto de morir por causa del frío. Luego que acababan de bañarlos de este modo, les cortaban los cabellos a los padres, a la mujer no mucho, al hombre tal como solemos cortar a quienes han cometido un delito. Después de hecho todo esto, volvían con los castigados que tenían la figura de muy viejos, engendrador y parturienta; y les ponían una especie de cordeles en forma de collares terciados; el cordel era de hilo blanco y negro (*a manera de cadena de oro*). "Por el precio de los mellizos, desde ahora, has de guardar un año *entero* de castidad; ni tú ni tú pecarán con nadie" (*ni entre ellos*). "Porque si llegaran a pecar cometerían un acto muy malo; harían rendir de fatiga a nuestros masa", les amonestaban. Y así, cuando se había cumplido ya el año se reunía mucha gente: "Sepamos si viven limpios, bien", decían e iban a preguntar al demonio por boca del *sacerdote*. Si la respuesta era de que habían vivido bien, se regocijaban mucho; pero si les contestaba que no estaban bien, que habían dormido [juntos] (*que tuvieron coito*), los reconvenían con enojo, los masa se enfurecían: "¿Por qué razón cargan sobre nosotros tanta fatiga?", les preguntaban, muy airados.

Y por estas causas, durante todo el año los vigilan hasta que se cumpla el año. Y sólo entonces les sacan los cordones, se los cortan. Y así terminaba todo.

Y ahora concluyamos cuanto hemos narrado informando acerca de lo que ocurre cuando nacen mellizos varones o mellizos mujeres. Si esto ocurre, entonces, sufrían, se lamentaban: "No ha de ser bueno el año, el tiempo ha de ser tiempo de padecimientos muy grandes", solían decir. Pero si los mellizos eran hombre y mujer, creían que era buena señal.

Del mismo modo y tan intensamente, también ahora se regocijan los masa, sin *gastar* tanto como antiguamente y se apenan diciendo que ya no hacen las cosas como antes. Pero, en algunos pueblos, engañados por el demonio, de noche y en cualquier tiempo cumplen en hacer las cosas correspondientes cuando paren las llamas, y por sí mismos y exactamente las realizan. "¿Está claro que van a tener mellizos?" diciendo, suelen preguntar al demonio. Y así, son anunciados y nombrados por el demonio los curi, cualquiera que ellos sean:

curi ñaupa, curi yauri, curi huaman, ticlla curi, claramente el demonio habla con ellos y del mismo modo, tanto al hombre como a la mujer.

Y también, muchísima gente poseedora de plata, cuando todavía *¡ay!,* no habían aprendido lo mandado por la voz del verdadero Dios, entonces, en la fiesta de Pariacaca o en otros turnos de fiesta, cuando todas sus fuerzas, todo cuanto obsequiaban a cambio de la coca, y buscando el dinero, también por la misma causa, aun cuando tuvieran que esperar tres o cuatro años y los pobres penando durante todos estos años, clamando: "¿Adónde encontraré la coca?", diciendo: "Así tendré que pasar por mucha vergüenza", buscaban, vendiendo sus chacras y hasta sus ropas, caminando por aquí y por allá, buscando huanacos y venados, ya descansando, ya volviendo a buscar, únicamente por la causa dicha. Y luego, por todas partes, preguntando a todos los demonios de los antiguos que recordaban, sí: "¿En dónde he de encontrar, lo he de hallar con un huanaco, o he de, para esto, dar mi chacra, toda mi ropa?, ¿cómo he de estar?" diciendo, preguntaban; presintiendo mucho solían vagar. Ahora, recordando apenas lo que antes se sabía, sin vender nada, por las causas que hemos contado, creo que suelen alegrarse mucho: "Desde un tiempo todo eso es mucho sufrir, ¿por qué razón no hago tales cosas?", dicen. Cuando llega el turno de realizar todo cuanto hemos dicho, ya sea de noche o en cualquier tiempo, entonces "ha de haber, ha da ser" decía, e inmediatamente todos los hombres, aun los viejos, se alegraban y regocijaban; solían ir bailando, llevando ticti o cualquier otra ofrenda, aunque hubiera bebidas en la casa antigua o para que allí hubiere.

Después de todo esto, no sabemos si sólo en este pueblo y haciendo de noche esas ceremonias que hemos narrado, suelen escarmentar, aunque no sea mucho. "En los pueblos del interior harán lo mismo", oímos decir y recordamos.

A qué se le llama ata. Llamamos ata al niño que nace con una parca* en los cabellos. Los padres de los niños que nacen de este modo reúnen a sus parientes en su casa o en su corral, a los tres años de ocurrido el nacimiento. Desde un día hermosamente resplandeciente, reúnen a los masa y cacas**, haciéndoles oír, diciéndoles: "En ese día vamos a cortarle el pelo a este ata de Pariacaca, a este su ylla***. Esto es ata, y con esta palabra lo señalamos. Y cuando ya han proclamado y hecho oír el anuncio, empiezan a preparar la chicha con *media* o hasta una *fanega* de maíz. Y habiendo oído el anuncio la gente pregunta: "¿Para qué haces la chicha?" Y cuando se enteran, entonces, averiguan en qué día se ha de realizar la *fiesta*. "Ha de haber fiesta tal día" hablando, los hombres de todas partes se reúnen y entonces el padre del ata, con sus masa y también con todos sus cacas, sentándose desde la parte más baja del suelo hacia arriba empiezan a cantar y a beber.

Y cuando ya están muy embriagados, entonces, extien-

* Creemos que el párrafo inicial de este "suplemento" está defectuosamente escrito; su significado no es claro. No se define en ninguna parte lo que es un *parca*. Sin embargo todos los ritos a que se ajusta el corte de pelo de un *ata* es en razón de haber nacido con un *parca* en los cabellos. Esto hace del niño un *illa* de Pariacaca, un ser excepcional. González Holguín define *parca* a la persona que tiene seis dedos, que es también *huaca*. En el runasimi actual de Ayacucho se denomina *parca* (parqa) a las cosas que debiendo estar separadas se forman unidas; así dos choclos unidos son *parqa*. Pero ninguna de estas definiciones sirve para explicar que se llame *ata* a un "niño que nace con una parca en la cabeza". Parece claro que el autor del texto escribió la frase defectuosamente, no en cuanto a la forma sino en cuanto a que el contenido no está suficientemente esclarecido y precisado, falta de precisión que compromete el buen entendimiento de todo cuanto se narra en el "suplemento."

** Formas de parentesco no bien esclarecidas.

*** Cosa deforme o anormal que tiene virtudes mágicas.

den una *frazada* o un titac, y sientan al niño en medio de la manta, diciendo estas frases: "Padres y hermanos, éste es el ata, el ylla, a quien hemos de cortarle el pelo; es el ylla, sí, de Pariacaca y en segundo lugar, de Tutayquiri; ellos, sí, a mí me lo enviaron, de este modo hicieron que naciera", así hablan. En ese momento, el más próximo caca de la criatura, si ésta es varón, y la ipa si es mujer y, si no los tienen, el *abuelo* o la *abuela*, levantándose y poniendo una *señal* que representa una llama o una chacra, se acercaba al ata con una *tijera* simulando el acto de cortar. La señal de la llama a que nos hemos referido es una cuerda con la cual el donante llevó una llama a Pariacaca. La señal que representa la chacra se llama caxo. Este caxo es sólo un palo con el cual las mujeres escarban la tierra. Luego, los otros parientes próximos, levantándose, *ofrecen* cada quien una manta, túnica, *oveja* o lana, según lo que posean. Después, cuando los parientes consanguíneos terminaban de prometer sus ofrendas, entonces, el curaca o el *alcalde*, levantándose en orden de importancia, depositaban dos *reales* o un *real* y así desfilaban, hasta el último. "Si han de embriagarse que se embriaguen bien, no hemos de escatimarles la ración" diciendo, les daban de beber *hasta* que terminaba el día. En ese instante concluía el corte de pelo y era el padre quien lo hacía, *porque* la gente, ya terminado el trabajo del día, empezaba a cantar, pregonando el nombre de los antepasados, del padre Anchipuna o Carhuachacha o nombrando a cualquier otro: "Es tu ata, es tu ylla, pero ahora ya concluyó; desde ahora, que Pariacaca ya no envíe otros, ahora he de ser bueno, correcto", así decían, cantaban y se holgaban.

A este ata o ylla lo consideran, y así lo dicen, como un enviado de Pariacaca. Y la víspera del día en que han de cortarle los cabellos, adoran a Pariacaca y a Tutayquiri embriagándose intensamente, ofrendando ticti y cuyes o cualquier otra cosa. "Arréglame, ponme bien con este ata" pedían. "Mañana seré feliz, estaré lleno de dicha." Y cuando éstos [los ata] aparecen, es *señal* de que han de venir mellizos. Estos ata son enviados de Pariacaca como una muestra de que a él no le han confesado sus pecados. "A cambio de la muerte, han de nacer mellizos", dicen. Cuando nacen mellizos: "A cambio de la muerte aparecen", suelen decir. Si, así es en este pueblo de Checa y en *San Damián* y es todo lo que sabemos de cuanto ellos dicen.

De cuanto puedan decir en otros pueblos no sabemos cómo ni qué, pero en todo este *corregimiento* celebran el nacimiento de un ata tal como lo hemos narrado, en todas estas zonas próximas, entre los huancas y los yauyos, y los huamantangas, cualquier hombre, siempre que sea *indio.*

Y así es entre mucha gente importante o yanacona y es igual también en Lima cuando alguien tiene un hijo ata, pues del mismo modo se reúnen. También sabemos del algunos mestizos y sólo de algunos. Y de esto, debemos decir que ciertos hombres cayeron en el pecado pensando que vivirían bien, libres de culpa [cumpliendo con las ceremonias ya dichas]. "Al tercer año debemos cortarle el pelo [al ata]", decíamos. Y es cosa conocida por la generación anterior y la actual que se cumple la costumbre. Y es solamente esto todo cuanto podemos decir sobre los Checas.

Francisco de Ávila, extirpador de la idolatría Estudio biobibliográfico

PIERRE DUVIOLS

Francisco de Ávila (o Dávila) nació en el Cuzco en 1573, y fue expuesto en la puerta de Cristóbal Rodríguez, ensayador, y de Beatriz Ávila, su mujer.[1] Le dieron por nombre Francisco de Ávila Cabrera. El virrey marqués de Montesclaros había de escribir más tarde: "Aunque hay opinión que son conocidos sus padres, él se cuenta por expuesto y en cualquier destos dos caminos es mestizo, según se tiene por más cierto."[2] Es muy probable, en efecto, que Ávila conociera el apellido de su padre y que éste fuera noble, ya que en su testamento había de legar cierta cantidad de dinero a sus "sobrinas doña Josefa Hermenegilda de La Torre y a doña Catalina de León, monjas del convento de la Encarnación".[3] Pero le convenía callar una ascendencia que, a pesar de su nobleza, hacía de él un mestizo ante la ley; prefería atenerse a su condición de expósito, o *expuesto,* como se decía, dejando así abierto el acceso a la carrera eclesiástica; se sabe que, hasta 1591, el arzobispo Toribio de Mogrovejo se había negado a ordenar mestizos. El mismo Ávila, haciendo hincapié en los derechos de los expósitos, había de escribir al rey: "soy asimismo hijo expuesto de esta tierra, de padres naturales de esa y nobles aunque no conocidos; gozo de los privilegios de los que el derecho llama expuestos —quorum parentes ignorantur— y por el consiguiente soy

[1] Ávila, 1936, p. 208.
[2] Cf. Toribio Polo, 1906, p. 37.
[3] *Ibid.* p. 269.

hábil para cualquier oficio, dignidad, canongía y beneficio así por derecho, como por indulto que concedió Su Sanctidad de Clemente octavo a los tales expuestos".[4]

Tenemos pocos datos sobre su niñez y juventud. Sabemos que estudió en el Colegio de la Compañía de Jesús, que tuvo por maestro al padre Pedro Castillo y que "siempre fue tenido por hábil, cuidadoso y buen estudiante".[5]

En 1592 se trasladó a Lima "sin tener en esta ciudad casa de parientes ni conocidos" para proseguir sus estudios en San Marcos "con mucha pobreza", siendo tenido por uno de los mejores alumnos.[6] Se ordenó de presbítero en 1596; un año más tarde se recibió de bachiller y ganó en una oposición el curato de San Damián, en la provincia de Huarochirí, de la archidiócesis de Lima. Ávila la describe así: "La provincia de Huarochirí está muy cerca de esta ciudad de los Reyes y comienza de sus términos desde cuatro leguas de ella y va dilatando hacia la cordillera nevada de oeste a este cerca de diez y ocho leguas... La gente que le habita son indios de buen natural y andan bien vestidos de lana y no pobres; antes hay entre ellos muchos que tienen muy buenas cosechas, sementeras, hatos de cabras y granjerías."[7] San Damián, situado en tierra ubérrima, era pues un curato envidiable desde el punto de vista económico; por esos años el marqués de Montesclaros podía escribir: "la más ruin doctrina vale más el día de hoy que ningún repartimiento".[8] Y sabemos que Ávila prefería desempeñar su cargo en una doctrina próspera: en una *información* pide al rey, por medio del doctor Muñiz,

[4] Carta del 30 de abril de 1610 - AGI 335.

[5] Ávila, 1936, p. 179.

[6] "E así fue siempre tenido por el mejor estudiante absolutamente de los de la Universidad de su tiempo." Ávila, 1936, p. 208.

[7] Ávila, 1611.

[8] R. Porras Barrenechea, *Huamán Poma Ayala,* Lima, 1948, p. 47.

"se sirva de hacerle merced en cualquier dignidad o canongía, como sea de las iglesias principales y más ricas".[9]

Al año de estar en San Damián, después de ser visitado favorablemente por el arzobispo, fue nombrado vicario y juez eclesiástico de la provincia, el 26 de octubre de 1598. Pero una segunda *"visita secreta y residencia"* del 18 de marzo de 1600 revela que fue objeto de ciertas acusaciones, ya que el visitador concluía así el acto de visita: "Fallo atento a los descargos que dio que le debo absolver y absuelvo, y doy por libre de los dos cargos que le fueron fechos."[10] Otras cuatro visitas (1601, 1603, 1604, 1606) arrojaron conclusiones favorables al párroco; mientras tanto se le había confirmado el título de vicario (2 de junio de 1603) y se había graduado de licenciado en 1600 y de doctor entre 1600 y 1603.[11]

Más de veinte años antes de la llegada de Ávila, los jesuitas habían enviado una misión a Huarochirí; fueron allí a consecuencia de un pedido apremiante del virrey y del arzobispo, a "cuidar de 30 000 almas sin sacerdote". En 1577 el padre Barzana, después de varios éxitos evangélicos en el repartimiento de Mama y en el pueblo de Guanchor, pasó rápidamente por San Damián. Ya habían descubierto los jesuitas muchos ritos paganos: "También se ha remediado muchas idolatrías, descubriendo sus ritos y ceremonias que tenían en adorar las piedras".[12]

Antes de Ávila, también otros doctrineros lucharon contra las idolatrías en la provincia:... "cuando llegó el padre Cristóbal de Castilla, cuando estuvo en esta reducción, y era curaca don Gerónimo Canchuhuaman,

[9] Ávila, 1936, p. 209.
[10] *Ibid.*, p. 201.
[11] *Ibid.*, pp. 204-205.
[12] *Monumenta Peruana*, Roma, 1954-58, t. I, pp. 420-425 y t. II, p. 230.

cesó el culto al huaca, porque ambos lo odiaban".[13] Ávila, desde su llegada en 1597, predicó cada domingo y fiesta contra la idolatría,[14] rebuscando y destruyendo ídolos.[15] En el manuscrito quechua recogido por él en 1598, el informante declara: "...ahora, con la predicación del señor doctor Ávila, una parte de la gente está regresando a Dios y rechazando esas cosas antiguas",[16] pero en otro lugar expresa el mismo informante algunas dudas acerca de la sinceridad de las conversiones: "Está aquí, hace menos de un año, este doctor Francisco de Ávila que tiene mucha sabiduría y buen entendimiento. Pero así y todo, acaso no puede llegar hasta el corazón lo que él diga. Ya tuvieron otro padre sacerdote y quizás simulen igual que algunos que se mostraban como cristianos sólo por temor."[17] Es que en estos primeros años los resultados de la labor de Ávila estarían forzosamente limitados por las circunstancias: desequilibrio cuantitativo de las fuerzas en presencia, apoyo de ciertos curacas al cumplimiento de los ritos ancestrales en forma clandestina, astucia de los indios para perfeccionar esta acción clandestina, siendo ejemplo de ello, entre otros, el hecho de colocar la fiesta de Chaupiñauca en la víspera del Corpus: "Antes de que aparecieran los españoles, bebían, cantaban y se embriagaban durante cinco días en el mes de junio, pero desde que los huiracochas llegaron, sólo celebraban a Chaupiñauca durante la víspera del Corpus."[18] En todo caso la actividad extirpadora de Ávila durante los primeros años en Huarochirí no sería sino la de un concienzudo y acucioso cura de indios, comparable, al fin y al cabo, a la que otros párrocos y frailes habían desplegado en épocas anteriores en otras regiones del Perú. Ávila no tenía, ni podía tener en-

[13] *Dioses y hombres de Huarochirí*, p. 91.
[14] Ávila, 1918 (2), p. 62.
[15] *Dioses y hombres*... p. 115.
[16] *Ibid.* p. 91.
[17] *Ibid.* p. 59.
[18] *Ibid.* pp. 70-71.

tonces a su alcance el formidable arsenal contra la idolatría de que iba a disponer unos años más tarde. Tampoco permitía entonces la coyuntura eclesiástica en el Perú concebir una política de extirpación al nivel del arzobispado, y menos aún al nivel del virreinato.

A fines de 1607 —habían transcurrido ya 10 años desde su llegada a San Damián— por segunda vez Ávila estuvo en pleito con la justicia eclesiástica. En septiembre "iniciós e contra él un expediente de 24 capítulos, acusándole de exacciones contra los indios, de recargo del trabajo de éstos, y de algunas otras faltas graves en el ejercicio de su cargo... Ávila fue enjuiciado y estuvo preso en Lima.[19] Mucho más tarde, en 1645, recordando este trance desagradable, había de afirmar que los indios lo habían acusado sin fundamento, por mera venganza, porque él había denunciado sus idolatrías, y querían deshacerse de tan peligroso párroco.[20] He aquí cómo expone el encadenamiento de los hechos de esta época clave de su existencia, en su prólogo al *Tratado de los Evangelios*: En agosto de 1608, el cura del pueblo de Huarochirí invitó a su colega de San Damián a que tomara parte en la fiesta de la Asunción, particularmente brillante en la capital de provincia. En el camino, un indio "afecto a la religión", un tal don Cristóbal Choquecaca, informó a Ávila que los indios celebrarían este día su fiesta a Pariacaca. Este dato tuvo, según nuestro doctor, el valor de una revelación, y a partir de esta fecha —15 de agosto de 1608— se entregó enteramente a la lucha contra la idolatría. Este mismo día predicó, dándose por enterado, contra los ritos de Pariacaca. Poco después supo que una sacerdotisa célebre, Isabel Puipuctilla, había convencido a los indios de que era preciso matar al cura, o al menos echarlo de la tierra. De ahí, según Ávila, la acusación de los indios, de la que el doctor fue informado un mes más tarde, esto es, a fines de septiembre de 1608. Entonces

19 Toribio Polo, 1906, p. 29.
20 Ávila, 1918 (2), p. 65.

viajó a Lima para defenderse: "Pedí audiencia en el Cabildo eclesiástico que gobernaba, dí razón de mí, y prometí hacer bueno, que la causa de los capítulos era tratar de la idolatría de los indios. Remitiéronse a visita."[21]

Fue enviado a San Damián el doctor Baltazar de Padilla, a quien acompañaron gran número de indios acusantes; y poco tiempo después de su llegada, estando

[21] *Ibid.*, pp. 63 *ss.* Arriaga refiere los hechos de manera algo diferente: "Quien comenzó a descubrir este daño que tan encubierto estaba, y a sacar como dicen por la hebra de ovillo, fue el doctor Francisco de Ávila siendo cura en la doctrina de San Damián de la Provincia de Huarochirí. Porque predicando de ordinario con el buen talento que Nuestro Señor le ha dado, comenzó a levantar la caza y no queriendo la divina bondad que *verbum suum semper revertatur vacuum,* habiendo averiguado ciertas supersticiones de unos indios los castigó públicamente, haciendo después del castigo una plática detestando la idolatría, y dándoles a entender con el ejemplo de unos santos mártires, como lo eran en testimonio de la fe y que, por no haber querido adorar los ídolos y huacas habían padecido muchos tormentos y perdido en ellos esta vida temporal para alcanzar la eterna, de que gozaban ahora con grande gloria; vino después del sermón un indio y le dijo: "Padre en tal parte está enterrado debajo de una peña un indio que fue mártir. Porque estando unos indios de tal ayllo y parcialidad haciendo sacrificio a una huaca, pasó este indio y convidándole a su fiesta, no sólo no condescendió con ellos, antes los reprehendió mucho lo que hacían siendo cristianos, y prosiguió su camino. Y los indios, o con enojo de lo que les había dicho, o con temor de que les descubriese, fueron tras él y le mataron, y le enterraron donde el indio dijo, y de donde le sacó el dotor Ávila, y le enterró en la iglesia, en Santiago de Tumna al pie del altar mayor pegado al frontal, llamábase el indio Martín. Éste fue uno de los indicios y principales entre otros muchos que hubo para descubrir la idolatría. Y contra el parecer de todos y no haciendo caso de lo que proponía en razón desto el doctor Ávila, las personas a quien por razón de su oficio y obligación encumbía más alentarlo, fue poco a poco prosiguiendo en su demanda, hasta que aclaró la verdad y descubrió —por mejor decir— la mentira, de suerte que se vino a entender cuán en su punto estaba entre los indios la idolatría." *La extirpación de la idolatría en el Perú,* Lima, 1920, pp. 4 y 5.

con Ávila en el pueblo de Santiago de Tumna, vino un indio diciendo que el "capitán de los capitulantes", el indio don Cristóbal Llacsahuarinca, se estaba muriendo de un "flujo de sangre de narices". Ávila acudió con el visitador, lo cuidó y el indio se salvó. Confesó después, ante notario, que la acusación no era sino "calumnia y conspiración". El visitador regresó a Lima.

A partir de este momento Ávila intensificó sus investigaciones. Por delación supo del hechicero Hernán Paúcar. Ávila lo persuadió a que hiciese confesión pública y pública denuncia en la iglesia de San Pedro de Mama. Poco tiempo después de esto, habiendo muerto, también de un flujo de sangre, una joven india, sacerdotisa de cierto ídolo, Ávila predicó allí mismo, ante los indios congregados, demostrándoles que la joven había sido castigada por no haber abandonado a tiempo el culto gentílico. Su sermón conmovió de tal modo a la población, en la que habían hecho mella ya las anteriores reprensiones y amenazas, que todos vinieron a manifestar sus ídolos (más de 400), y a pedir confesión.

Por primera vez se había logrado una autodenuncia colectiva de los indios idólatras. Ávila escribió al rector de la Compañía de Jesús, pidiéndole algunos padres que le ayudasen en las confesiones de tan numerosos idólatras (carta del 23 de junio de 1609). Éste accedió, enviando a Huarochirí los padres Pedro de Castillo y Gaspar de Montalvo, quienes "comenzaron a predicar contra la idolatría, y juntamente a deshacer y desbaratar las huacas y adoratorios que se iban descubriendo. Trabajaron también, y no poco, en convencer algunos indios tan viejos en la edad como envejecidos en este vicio, y así eran ocasión a los demás de caer en él. Estos indios reducidos a la verdad confesaron públicamente sus yerros, y que los que hasta entonces adoraron por dioses, no eran más que piedras. A este modo fueron procediendo en compañía del mismo doctor Dávila por los demás pueblos, haciendo él por su parte las diligencias jurídicas y los Padres por la suya las religiosas: él fulminaba procesos y admitía declaraciones y los Padres hacían sermones, predicaban ejemplos, y admitían a disciplina los varones, y confesaban días enteros hombres y mujeres. Con esto se fue haciendo grande obra, porque se manifestaron muchos voluntariamente, y habiendo traído todos sus ídolos, y después de ellos los cuerpos de sus pasados, a quien también adoraban, los arrojaron al fuego con muestras de verdadero arrepentimiento. Llevábanse cruces con grande solemnidad, y música, y se colocaban en los lugares que habían sido adoratorios antiguos" (Barraza, 1936).

Entonces, una circunstancia importante favoreció la empresa de Ávila. El 4 de octubre de 1609 había llegado a Lima el nuevo arzobispo Bartolomé Lobo Guerrero, anteriormente arzobispo del Nuevo Reino de Granada; le importaba mucho la extirpación de la idolatría, que ya había propiciado especialmente en su sede de Santa Fe. Pocos días después de llegado Lobo Guerrero, vino Ávila a Lima a visitarle, trayendo consigo "una gran muchedumbre de ídolos, algunos cadáveres secos a quien adoraban, rostros y manos de carne momia que los habían conservado más de 800 años pasando de padres a hijos. Todo esto hacía más de seis cargas de a dos quintales".[22] Con estas muestras pudo convencer al arzobispo, luego al virrey, de la extensión del mal. Fue decidido que se organizaría sin más tardar un auto de fe en la plaza mayor de Lima, en 20 de diciembre de 1609. Treinta y cinco años después, Ávila lo recordará con toda precisión: "Aviéndose hecho dos tablados en ella con pasadizo de uno a otro, y el más apartado del Cabildo era terraplenado, para que se quemasen en él los ídolos y cadáveres, mandaron convocar, para que lo viesen y asistiesen a ello, los indios de cuatro leguas al rededor, y se dispuso por orden del señor Virrey que este día en la tarde para las cuatro, se juntasen el cabildo secular en casa del Corregidor de los

[22] Ávila, 1918, 2, p. 74.

Naturales de Don Gerónimo de Avellaneda, que vivía en la plazuela de la Universidad con otros convidados y de allí se salió a caballo muy en orden y delante de todos iban todos los alguaziles de corte y ciudad y en cada esquina se tocaban chirimías, y yo iba en mi mula a la postre, en medio del dicho corregidor que iba al lado derecho y el alcalde más antiguo don Fernando de Córdoba al izquierdo. Llegamos así al Cabildo, estando en las ventanas de Palacio el señor Virrey y el señor Arzobispo, con algunos prebendados en las suyas. En el tablado terraplenado había buena partida de leña de horno, y en el otro estaban todos los ídolos y cadáveres y en medio del pasadizo un palo enhiesto. La muchedumbre de indios estaba cerca de los tablados y de un púlpito y escaños en que estaban muchos eclesiásticos, el acompañamiento se quedó a caballo; y yo me apeé, tomé sobrepelliz, y subí al púlpito, y estando allí sacaron de la cárcel al falso sacerdote Hernando Páucar, y subió al pasadizo referido, quitáronle la manta y sombrero, y en cuerpo lo amarraron al palo. Estando así di principio al sermón en la lengua índica, detesté la idolatría y di a entender a los indios cuán gran pecado es. Luego en castellano hice relación brevemente de lo que se había descubierto y de la causa del indio, que a todo estuvo en pie y amarrado a un palo. Subió, acabado esto, un notario al tablado, leyóle la sentencia que fue de docientos azotes, quitarle el cabello y destierro perpetuo a Santiago de Chile, al Colegio de la Compañía de Jesús. Diéronle luego ahí los azotes, y se quitó el cabello, y volvió a la cárcel y se dio fuego a los ídolos, cadáveres y sus ornamentos, y después lo llevaron al indio a Chile. Y con esto se dio fin a este acto."[28]

Este "acto', con su pompa y boato, simboliza el triunfo personal de Ávila —4 días después, por Navidad, el proceso había de concluir, firmando la absolución el

[28] *Ibid.*, pp. 75, 76. Cf. Arriaga, 1920, pp. 6-7.

doctor Feliciano de Vega— y el de su política de la extirpación. El arzobispo y el virrey aceptaron un plan de operaciones concebido por él. Aunque no ha llegado hasta nosotros este texto, es posible imaginar su contenido por las medidas que fueron adoptadas inmediatamente:

1º Creación de un cuerpo de visitadores contra la idolatría que debía visitar los pueblos del arzobispado, hasta los más apartados, en compañía de un notario, de un fiscal y de dos o tres padres de la Compañía de Jesús, teniendo el visitador poderes jurídicos y dedicándose los padres a la predicación y a las confesiones.

2º Organización de la visita de idolatría; había de iniciarse por la proclamación de la *carta de edicto,* por la cual se daba término de dos días a los indios para manifestar los ídolos y denunciar a los hechiceros e idólatras conocidos, so pena de castigos. Después de numerosas indagaciones, confrontaciones, confesiones, etc., debía concluir por un auto general —muy parecido al que tuvo lugar en Lima— durante el cual se absolvía a unos y se castigaba a otros.

Ávila fue nombrado visitador de la idolatría a principios de 1610; "se me dio título de Juez visitador de la idolatría, con todos los requisitos y calidades que yo pedí, y provisión del gobierno para los corregidores; y cartas del señor Virrey sin sobre escritos hasta doce para que, en conviniendo, yo se los pusiese y diese a quien conviniese: entonces tuve presentación de su Majestad para un beneficio de Huánuco, hízoseme colación, yo nombré interín, y embié poder para tomar posesión, y con un notario y fiscal españoles, y dos indios muy entendidos, salió el primer Visitador de Idolatrías que hubo en este Reino. . .".[24]

Ávila, con estos amplios poderes, regresó a San Damián. Se ha perdido desgraciadamente el libro de visita[25] en el que había consignado, según la regla recién

[24] *Ibid.,* p. 77.

[25] "Tienen tradición de una Huaca de las que descubrió el

establecida, los nombres y número de hechiceros e ídolos, como las descripciones de los ritos. Por su breve *Relación* de 1611, enviada al Consejo de Indias por el arzobispo, sabemos que, después de un año de campaña, había visitado ya cinco de las doctrinas de Huarochirí; San Damián, San Pedro de Mama, San Pedro de Casta, Santa María de Jesús de Huarochirí y San Lorenzo de Quinti. Podía ufanarse de haber sacado más de cinco mil ídolos.

Este mismo año de 1611, por el mes de abril, se encontraba en Santiago de Anchocaya en compañía del padre jesuita Fabián de Ayala. Éste, en carta al arzobispo, ponderaba las excepcionales condiciones de Ávila para la visita, relevando la experiencia y habilidad del doctor: "Colijo una cosa, y es que el pueblo donde hay ídolos y huacas y no entrare en él el doctor Ávila a hacer su oficio, es certísimo que se quedarán en su mismo error y idolatría. . . porque si no es con la larga experiencia que el doctor tiene de las cosas de los indios, con la cual les entiende el pensamiento, no se puede hacer nada."[26]

Durante esta misma visita, los padres de la Compañía, acompañados por Ávila, destruyeron el ídolo o adoratorio Pariacaca: "Pasaron con el Dr. Ávila a Yampilla, como a una legua de Huarochirí, con muchos indios y destruyeron allí un adoratorio., y escalando un cerro, deshicieron otro, formado por siete piedras grandes, dedicadas cada una a una divinidad particular, y había sacerdote señalado para cuidar de ellas con cargo de transmitir la obligación de unos a otros, y por fin, acometieron la empresa de destruir los ídolos denominados Xamuna y Pariacaca, famosos en toda la región. Tardaron unos días en llegar hasta la cima donde se

Doctor Ávila. . . de que hallé noticia en el libro de la visita que hizo el año de mil y seiscientos y once." Calancha, *Crónica moralizada,* Barcelona, 1639, p. 327.

[26] Carta de Fabián de Ayala al Arzobispo, Santiago de Anchocaya, 12 abril 1611, AGI, Lima, 301.

encontraban el último, ascendiendo por una escala labrada en la roca por los indios. Colocaron en el lugar del ídolo una Cruz y de tarde volvieron a San Lorenzo de Quinti, donde les recibieron con luminarias, diciendo los indios en su lengua: Ya murió Pariacaca."[27]

Justamente elogiado por las autoridades conscientes de su inmensa y fructífera actividad, Ávila debía inspirar sentimientos muy diferentes a los indios, cuyas reacciones, según los pocos datos que tenemos, no reflejan el optimismo y la gozosa emoción a que aluden la mayor parte de las relaciones de idolatrías.

Las quejas de los indios contra Ávila reaparecen en estos párrafos caóticos en que Huamán Poma de Ayala refiere lo que le contaron unas viejas, en Castrovirreina, por los años de 1613. Se lamentan de que el visitador, en Hatún Jauja, las acusara de idolatría sin fundamento:

"Le dixo [al autor]: —Señor, nosotras estamos huydas del padre dotor Ávila becitador del obispado de la Ciudad de los Reyes de Lima y valle de Uadachirí y valle de Xauxa; a causa del dotor dixeron que le quería hazelle hicheseros y hechiseras, el quien dize en la pregunta ques uaca mocha sin avello sido, se huelga y dize que adora piedras, que no le castiga sino que le corosa y le ata en el cuello con una soga y en la mano una candela de sera y ancí dize que anda en la procesión; con ello acava y queda contento el dicho vecitador y ci es cristiano y rresponde y dize que no save de uacas ýdolos y que el adora en un solo Dios y la santícima Trinidad y a la Virgen Santa María y a todos los santos y santos ángeles del cielo a este dicho yndio o yndia, luego le manda subir en un carnero blanco y allí dize que le da muy muchos açotes hasta hazelle caer sangre a las espaldas del carnero blanco para que paresca la sangre del pobre yndio, y con los tormentos y dolores dize el yndio

[27] R. Vargas Ugarte, *Historia de la Iglesia en el Perú*, II, Burgos, 1959, p. 310.

que adora al ídolo uaca antiguo; ves aquí cristiano de palo como no tiene fabor los pobres de jesucristo, anda tanto tormento y castigo; dixéronle al autor las tres viejas: Señor V. Md. yrá allá y sabrá la verdad y llorará con los pobres de Jesucristo. Dijo estas dichas pobres mugeres que otro biejo pobre, por no verse en el dicho tormento enjusto, que el propio dicho biejo tomó coca molido hecho polbo y lo tomó y se ahogó y murió con ella y le enterraron en el sagrado y dallí le mandó sacar el cuerpo y lo mandó quemallo y de los güesos que quedó echó en el río. ¡O qué buen dotor! ¿A dónde está vuestra ánima? ¿Qué cierpe le come y desuella a las dichas obejas sin pastor y cin dueño que no tiene amo? Ci tubera dueño todavía se doliera de sus obejas de Jesucristo que le costó su sangre. ¿A dónde estás Dios del Cielo? ¡Cómo está lejos el pastor y tiniente verdadero de Dios el santo Papa! ¿A dónde estás nuestro Señor Rey Phelipe que ací lo pierdes tu rreyno y tu hazienda servicio de tu corona rreal?. . ."[28]

En otro lugar Huamán Poma recoge las quejas de los indios despojados de San Felipe;

"El dicho autor llegó al pueblo de San Felipe. . . demás de eso les dixo [los indios] que un becitador de la Santa Yglesia llamado doctor Ávila y corregidor, con color de decille que son ydúlatras, les a quitado mucha cantidad de oro y plata y bestidos y plumages y otras galanterías, bestidos de cumbe, auasca, topos, camisetas, porongos, aquillas, todo de plata y de oro, los cuales tenían para dansar y holgar en las fiestas y pasquas Corpus Criste del año y se los a llevado todo de los pobres yndios y fuera desto en el pueblo de San Lorenzo, a dexado dos hijos vecitadores y demás desto que hará la costa de comida y mitas de todos ellos y de sus criados y los daños y otras cosas porque tiene fabor de su Señoría, desuella a los pobres de Jesucristo y no ay rremedio y no ay becita para él."[29]

[28] *Nueva crónica y buen gobierno,* París, 1936, ff. 1110-1112.
[29] *Ibid.,* f. 1121.

Renovada su misión en 1615 por el nuevo virrey, príncipe de Esquilache, muy adicto también a las cosas de la extirpación, fue encargado además Ávila de redactar un proyecto acerca de "los medios que le pareciesen más convenientes para la verdadera conversión de los indios". En febrero de 1616 entregó unas cuantas cuartillas con el siguiente título: *Parecer y arbitrio del Dr. Francisco Dávila, beneficiado de Huánuco y visitador de la idolatría, para el remedio della en los yndios deste Arzobispado.*[80] En él declara haber visitado, hasta el año de 1615, además del corregimiento de Huarochirí, el de Yauyos y una parte del de Jauja. Sobre 35 000 personas que visitó, no halló ninguna, dice, que en algún tiempo no hubiera incurrido en el pecado de idolatría. Atribuye este estado de cosas a las insuficiencias de la predicación "que decirle al indio que Cristo nuestro Señor resucitó a un muerto, sanó un cojo, y dio vista a un ciego, y tras esto decirle: —Perro, ¿por qué no crees esto?, ¿por qué adoras al cerro?, ¿por qué eres borracho?, no es predicar". Conformándose a los preceptos del *De Procuranda* de Acosta, Ávila insiste en la necesidad de persuadir, de convencer íntimamente, con demostraciones adecuadas, de que es absurda la adoración a los ídolos. Después de convencido, y solamente entonces, puede manifestar el indio espontáneamente sus mochaderos y sus conopas. Claro está que, para lograr tal resultado, los curas de indios han de saber perfectamente la lengua de sus feligreses; por eso Ávila insistió en el Sínodo limeño de 1613 en que los curas de indios tuviesen obligación de escribir sus sermones y los enseñasen a los visitadores, como lo recuerda en el *Parecer*. Los demás remedios eran los siguientes: luchar contra las borracheras, mantener a los indios en las reducciones prohibiéndoles entrar en los pueblos viejos, apartar a los hechiceros o maestros de idolatrías de manera eficaz, crear colegios para los hijos

[80] Cf. Ávila, 1616 y 1937.

de caciques que tan frecuentemente encubrían y protegían los ritos paganos, y, por fin, usar de gran rigor contra los indios "que fueren relapsos después de la Visita de Idolatrías". Este texto había de servir de derrotero a todas las medidas adoptadas a lo largo del siglo XVII como lo prueban las sucesivas provisiones de los virreyes y edictos de los arzobispos.

En 1618 Ávila es nombrado canónigo y maestrescuela de la iglesia de La Plata. Sobre su estancia en Chuquisaca, que duró 14 años, poca cosa sabemos, si no es que predicó allí a los indios cada domingo y fiestas y que, poco tiempo antes de salir definitivamente de La Plata, enviaba a Lima unos "huesos de gigante".[31]

Obtenido su traslado a la catedral de Los Reyes, conservando la misma dignidad, Ávila entró en Lima el 9 de agosto de 1632. Le acogieron magníficamente; apunta Suardo en su diario: "A 9, el doctor Francisco de Ávila, que bajó de la ciudad de la Plata, a donde ha sido canónigo muchos años, tomó la posesión de otro canonicato en esta Santa Iglesia de que le hizo merced su Majestad; diósela el Deán del Cabildo eclesiástico con muy grande conformación de todos los dél y extraordinario regocijo de toda esta corte, y lo más granado della le acompañó desde su casa hasta la Santa Iglesia y, después de haberle dado la dicha posesión, el nuevo canónigo derramó más de cien patacones al pueblo que concurrió muy copioso a ver y hallarse de todos estados, por ser generalmente amado este sujeto por sus letras y buenas partes."[32]

[31] "Hoy están en Lima los güesos de un gigante que la semana pasada envió de Chuquisaca el Doctor Ávila canónigo que viene a esta catedral; yo los vide en el oficio de secretario de la Santa Inquisición, y siendo las canillas y güesos de los muslos larguísimos —sólo en encaje tiene más de media vara— no se podía dar cierta medida a lo largo, porque están quebrados; la quijada de abajo es media no más y tiene dos dedos más de media vara." Calancha, *op. cit.*, II, X. 372.

[32] Suardo, Juan Antonio, *Diario de Lima*, 1629-1639, t. I, Lima, 1936, p. 235.

La población limeña, según numerosos testimonios, no debía dejar de manifestarle respeto, consideración y afecto. Era popular la figura del doctor por sus letras, su acendrada devoción, y por la generosidad con que contribuía a las obras pías: "Devotísimo de nuestro Padre San Francisco y profeso de su tercer orden de penitencia. Este devoto y venerable sacerdote dotó la fiesta de las santas llagas del seráfico Padre, con renta perpetua... El Cabildo de la Santa Iglesia Catedral viene en procesión muy solemne, con la imagen del Santo a su convento de dicha ciudad de Lima, el día de su fiesta, diez y siete de septiembre, todos los años, donde canta la misa y asiste al sermón y al responso. El primer año predicó el canónigo, vertiendo de sus ojos devotas lágrimas de gozo espiritual, que sentía en su alma, cuando refirió en el púlpito el portento milagroso...".[33] En 1642 fundó una capellanía para residencia en el coro.[34] Debió dedicar también muchas horas al estudio y es presumible que lo publicado por él en estos años no sea sino una parte pequeña de sus escritos.

Sin embargo, a pesar de esta imagen de una vejez ejemplar y sin nubes que nos trasmiten los escritos coetáneos, Ávila padeció disgustos y conoció amargas decepciones, además de los inevitables achaques de la vejez.

Le rechazaron la solicitud que en 1641, a los 65 años, presentara al padre Antonio Vázquez expresando su deseo de entrar en la Compañía de Jesús. El rector se negó, representando la condición de mestizo del candidato.[35] Hasta qué punto fue éste más bien un pretex-

[33] Córdova Salinas, Diego, *Crónica franciscana,* libro v, capítulo 28.

[34] Cf. Ávila, 1642.

[35] Carta del P. Antonio Vázquez, Lima 10 de junio de 1641. A. de Gesu 171 Roma. "Da cuenta del estado de la Provincia y se refiere especialmente a la situación económica. Entre otros datos, advierte que el Dr. Francisco de Ávila, canónigo de Lima, desea entrar en la Compañía a pesar de sus 65 años. Dice que es hombre docto y gran lenguaraz pero representa su

to que un motivo fundado, hasta qué punto intervino más bien la edad y quizás el pasado discutible de Ávila en la decisión, es difícil decirlo. Recordemos, sin embargo, que varios mestizos ya habían entrado en la Compañía. Basta citar el nombre del célebre Blas Valera.

En los últimos años de su vida, mientras estaba consagrando todas las fuerzas que le quedaban a la redacción de los sermones en quechua, a los setenta y cuatro años, el 27 de marzo de 1647, presentó una petición al Consejo del arzobispado en la que exponía sus miserias físicas ("a veces impedido de dar un paso... vaguidos de cabeza terribles...") y pedía le fuese permitido no asistir al coro por el gran trabajo que le exigía la impresión del primer tomo del *Tratado de los Evangelios* y la redacción del segundo tomo.[86] Después

condición de mestizo." En Vargas Ugarte, *Biblioteca peruana*, t. I, Lima, 1935, p. 143.

[86] El documento, de 28 de marzo de 1647, contiene detalles interesantes acerca de la preparación del *Tratado* para la imprenta: "Después de mucha costa y afán con los escribientes y impresión se empieza a dar en la estampa del lunes que viene primero de abril que es aquí a cuatro días y a de dar (el Doctor Ávila) cada semana escritas 16 hojas que, lo índico, es forzoso ser de su mano para que el impresor acierte, y esto es summo trabajo, y a de asistir todos los días a la imprenta, lo qual no puede hacer asistiendo en el coro. Y es cierto, como consta de los parecer de los que han visto esta obra, que es utilísima para la predicación a los indios y en semejante caso, sin alegar más por la ocupación, le concedió el Sr. Rey y su concejo no acudiese a la arcedianía al Sr. Dr. Solórzano. Y luego tiene la ocupación de ir componiendo el 2º tomo que contiene todos los evangelios, desde la Trinidad hasta el fin del missal, y tendrá 600 hojas de folio para que, acabada a impresión del primero, se haga déste; con que no había en todo él cossa omitida, y cualquier cura de indios tendrá a la mano que aprovecharse para la predicación..." La petición fue leída al arzobispo el 27 de marzo de 1647. Éste la remitió al Deán y Cabildo, cuya respuesta fue ambigua, otorgando éste sin embargo una ausencia provisional de 3 o 4 meses. El arzobispo concedió su venia el 4 de junio de 1647 (A. A. L., Varios, siglo XVII).

de regatearle esta licencia durante casi tres meses, se la concedieron el 4 de junio de 1647, unos tres meses solamente antes de su muerte. Parece que no disfrutó de todo el crédito que era de esperar ante el arzobispo Pedro de Villagómez, habiéndole sustituido desde tiempo atrás en el papel de consejero en cuestiones de idolatrías el doctor Fernando de Avendaño.

La muerte de Ávila revistió cierto aspecto milagroso. Escribe Córdoba Salinas: "Premió Dios nuestro Señor la devoción del canónigo, porque el año de mil y seiscientos y cuarenta y siete, sintiéndose achacoso, dijo había de morir el día de las llagas del seráfico San Francisco, y así sucedió, porque martes a las once de la mañana, diez y siete de septiembre, día célebre de las llagas de seráfico Padre, cantada la misa, al tiempo que el ilustre Cabildo comenzó a entonar el responso (que en vida se le decía) y a clamorear en uno las campanas del Convento y Catedral, al mesmo instante expiró en su casa, con prendas de su gloria. ¿Y quién duda le asistió el Seráfico Padre? El día siguiente se hizo el entierro con honorífica pompa, en San Francisco, en el túmulo de los frailes, amortajado con el hábito de sayal, debajo de las vestiduras sagradas, que dispuso en su testamento. Asistieron al entierro desde su casa, el Virrey, Audiencia Real y los dos Cabildos, las Religiones y mucho pueblo, que edificados del suceso alababan a Dios con santa envidia que tenían al difunto de su dicha."[87]

[87] Córdova Salinas, *loc. cit.*

Bibliografía

1601 Información del Dr. Francisco de Ávila, cura de San Damián y Vicario de Huarochirí, que pretende una prebenda de las iglesias de estos Reinos. Los Reyes 1601 A. G. I. Lima 324, en R. Vargas Ugarte, *Biblioteca peruana,* 1938, p. 324.

1607 Información de servicios de D. Francisco de Ávila, cura de San Damián y de sus partes, para el gobierno de los indios. Salamanca 1607-29 ff. A. A. L. Varios, siglo XVII, I, 2 (cf. 1936).

1608 Tratado y relación de los errores, falsos dioses, y otras supersticiones y ritos diabólicos en q[ue] vivían antiguamente los Y[ndi]os de las provincias de Huarochirí, Mama y Chaclla y oy también viven engañados con gran perdición de sus almas. Recogido por el D[oct]or Fran[cis]co de Ávila, presbýtero (cura de la doctrina de S[an]t Damián de la dicha Provi[nci]a de Huarochirí, y Vic[ari]o de las tres arriba dichas), de personas fidedignas y que con particular diligencia procuraron la verdad de todo, y aun antes que Dios los alumbrasse vivieron en los dichos errores, y exercitaron sus ceremonias. Es mat[eri]a gustosa y muy digna de ser sabida, para q [ue] se advierta la gran ceguedad en q [ue] andan las almas, q [ue] no tiene[n] lumbre de fee, ni la quieren admitir en sus entendimientos. No se refiere al pres[ente] mes, q[ue] la historia será n[uestro] s[eñor] servido que el dicho Dotor la ylustre y adorne, con declaraciones y notas q[ue] serán agradables, si Dios le diere vida. Año D. 1608. Ms. 66 fol. B. N., Madrid, nº 3169.

1609 Carta al Padre Diego Álvarez de Paz, rector de la Cía. de Jesús, San Damián, 23 de junio 1609; cf. en *Tratado,* 1646.

1609 1] Oratio habita in Ecclesia Cathedrali/Limensi ad Dominum Bartholomeum Lupum Guerrerum/Archiepiscopum ejusdem civitatis, totius Regni Peruani. Metropolitanum, regiumq(ue) Consiliarium, etc. 13-12, 1609 (en *Tratado,* 1646).

2] Causa contra el Doctor Francisco de Ávila. Expediente, ms. de 144 folios, 7-1607 a 24-12-1609 [se ignora el paradero] (citado por Toribio Polo, 1918, p. XII).

1610 Carta a su Majestad, Los Reyes, 30-4-1610. AGI, Lima, 335.

1611 1] Libro de visita. Citado por A. de La Calancha, *Corónica moralizada,* 1639, p. 327.

2] Relación que yo el Dr. Francisco de Ávila, presbítero cura y beneficiado de la catedral de Guánuco, hice, por mandado del señor Arzobispo de Los Reyes, acerca de los pueblos de indios de este Arzobispado donde se ha descubierto la idolatría y hallado gran cantidad de ídolos que los dichos indios adoraban y tenían por sus dioses. Ms. AGI, Lima, 301 (cf. Medina, *La imprenta en Lima,* I, pp. 386-89).

1613 1-El Doctor Ávila sobre q[ue] el Bachiller P[abl]o del Castillo declare con juramento qué tiempo sirbió por el benefficio de Guánuco. Los Reyes, 4-9-1613, Ms. A. A. I. Varios, siglo XVII.

1615 Información de servicios de D. Francisco de Ávila, 1607-1615. AGI, Lima, 326. Copia en Colección Vargas Ugarte nº 45.

1616 Parecer y arbitrio del Dotor Francisco Dávila, beneficiado de Guánuco y visitador de idolatrías para el remedio della en los indios deste Arzobispado, 16-2-1616. Ms. 3 ff. nº 124, p. 272. Archivo del Convento de Santo Domingo, Lima.

1635 Memorial e información sobre las bóvedas [de la

catedral de Lima] debajo su cementerio, 12 ff. Lima, Jerónimo de Contreras, 1635. Maggs. Cat. 496, nº 89, en Vargas Ugarte, *Biblioteca peruana*, VIII, p. 310.

1636 La división del Arzobispado de Lima... y la división del Arzobispado de la Plata es como sigue (ms. 4037, John Carter Brown Library, Providence). Termina: "y yo saqué esta relación de un libro del arzobispo Dr. Arias, donde está por extenso, en Lima 18 de enero de 1636, Dr. Francisco Dávila", en Vargas Ugarte, *Biblioteca peruana*, IV, p. 251.

1642 El Dr. D. Francisco Dávila, canónigo desta Santa Iglesia, digo fundó una capellanía para residencia en el coro. Ms. A. A. L., Varios, siglo XVII, I, 4.

1646 1] Relación/Cerca de Remi/tir Mugeres al/Presidio y Pobla[ción] De la Ciudad de Valid/via en el Reyno de/Chile/. Por/El Doctor Francisco Dávila/natural de la ciudad del Cuzco, Canónigo y Maessescuela de/la Metropolitana de la Plata y ahora Canónigo/de ésta de Lima. Ms. 10 ff. Suscrito en Lima, el 25-7-1645 (en Vargas Ugarte, *Biblioteca peruana*, 1949, p. 39).

2] Aprobación del Dr. Francisco de Ávila, en Bartolomé Jurado Palomino, *Declaración copiosa de las quatro partes más esenciales de la Doctrina Christiana, Lima*, 1649 (aprobación del 8 de octubre de 1646).

1647 El S. Canónigo Dávila, por ser sordo, es nombrado del S. Arzobispo Villagómez para que no le aparte y gane renta (Petición para poder no asistir a coro leída el 27-3-1647.) A. A. L. Varios, siglo XVII.

1648 3] Tratado/de los Evangelios/que nuestra Madre la/iglesia propone en todo el/año desde la primeda domínica de/adviento, hasta la última missa de Difuntos, Santos de España /y añadidos en el nuevo rezado. Explícase el Evangelio, y se/pone con sermón en cada uno de las lenguas Castellana, y ge/neral de los indios deste Reyno de Perú, y en ellos, don-/de da lugar la materia, se refutan los errores de la/Gentilidad de dichos Indios... Tomo primero, que contiene desde la primera de Adviento, hasta el sábado de la Octava de Pentecostés. 90 + 565 páginas.

Segunto Tomo/de los sermones de todo/el año, en lengua índica/y Castellana, para la enseñanza de los Indios, y extirpación de sus idolatrías/ Obra póstuma del Dr./don Francisco Dávila, canónigo de la Santa/Iglesia Metropolitana de los Reyes./ sacada a luz por el licenciado Florián Sarmiento Rendón, Capellán Mayor del Monasterio de Santa/Clara, íntimo amigo y albacea testamentario del/Autor. 12 + 135 + 6 páginas.

1651 Vida de la madre Estefanía de San Joseph, en Diego Córdova Salinas, *Crónica franciscana,* Lima, 1651, lib. v, cap. xxv.

1873 "A narrative/of the errors, false gods, and other superstitions and/diabolical rites..." en *Narratives/ of/the rites and laws/of/the Yncas/.* Trans*lated/from the original spanish manuscripts,/and edited,/With Notes and an Introduction,/by/*Cle*ments R. Markham, C. B., F. R. S./London:/Printed for the Hakluyt Society./-/* M.DCCC.LXXIII. Se trata de la traducción de Ávila, 1608.

1904 Relación que yo el doctor Francisco de Ávila..., en Medina, *La imprenta en Lima,* I, pp. 386-89 (ct. 1611, 2).

1918 1] "Idolatrías de los Indios de Huarochirí", por el Doctor Francisco Dávila cap. 2º a 8º incluido. C. L. D. R. H. P., t. XI, pp. 101-132, Lima, Sanmartí, 1918 (publ. por Horacio H. Urteaga). Publicación incompleta del ms. de 1608 hecha según una copia del ms. de Madrid. Esta copia existía en la B. N. de Lima.

2] "Prefación al libro de los sermones, o homilías

en la lengua castellana y la índica general quechua" in C. L. D. R. H. P., t. XI, pp. 57-98, Lima, 1918 (publ. por Horacio H. Urteaga). Reproduce el prefacio de 1646, 2.

1936 "Ynformación de vita et moribus del Doctor Francisco de Ávila, fecha en el año de 1607", en R. A. N. P., ent. II, pp. 177-209, Lima, 1936 (ed. H. Urteaga).

1937 "Parecer y arbitrio del Sr. Francisco Dávila, visitador de la idolatría para el remedio della en los indios deste Arzobispado, 1616", en R. H., t. XI, ent. III., pp. 328-34. Lima 1937 (ed. Carlos A. Romero). Primera publicación completa de Ávila, 1616.

1939 Francisco Ávila. Dämonen und Zauber in Inkareich. Aus dem Khetshua übersetz und eingeleitet von Dr. Hermann Trinborn, Profesor an der Universität Bonn; mit einem vorwort von Dr. h. c. Georg Friederici. Mit 2 Karten und einem ganzseitigen Abbildung. Quellen und Forshungen zur geschichte der geographie und Völkerkunde, Koehler Verlag; Leipzig 1939. Comprende: Prefacio (pp. VII-IX); Bibliografía, pp. XI-XII; Introducción, pp. 1-18; texto quechua, pp. 19-75; Traducción al alemán, pp. 76-137; Comentario de palabras quechuas, 138. Primera publicación del texto quechua de 1598 con una traducción al alemán. Importante estudio preliminar.

1941 "Dämonen und Zauber in Inkareich - Nachträge zum Khetshuawerke des Francisco de Ávila", en *Zeitschrift für Ethnologie*, 73, Berlín, 1941, pp. 146-162.

1942 Francisci de Avila de priscorum huaruchiriensium origine et institutis ad fidem mspti nº 3169 Bibl. Nationalis Matritensis. Edidit Hippolitus Galante, Matriti, 1942. Comprende: Introducción en latín, pp. I-XIV; Edición facsímile del ms. quichua, 1598, pp. XV-CIII; o transcripción del texto quechua, pp.

1-117; notas críticas, pp. 149-155; índice de las raíces y de las palabras, pp. 157-171; índice onomástico, pp. 175-180; glosario de las palabras castellanas que figuran en el texto quechua, pp. 181-185; traducción del texto al latín, pp. 187-302; traducción del texto al castellano elaborada a partir de la traducción al latín, pp. 303-424. R. 3129 K.

1946 Ávila, Francisco de, "Origen y costumbres de los antiguos Huarochirí"; en *Anales del Instituto de Etnología americana,* Universidad Nacional de Cuyo, Facultad de Filosofía y Letras, Mendoza, t. VII, 1946, pp. 225-260.
Reimpresión de la parte en español de 1942. R. 3430 K.

ALGUNOS ESTUDIOS SOBRE FRANCISCO DE ÁVILA Y HUAROCHIRÍ

1879 Jiménez de la Espada *Tres relaciones de antigüedades peruanas,* Madrid, 1879, pp. XXXII ss.

1881 Dávila Brizeño, Diego, "Descripción y relación de la Provincia de los yauyos", en *Relaciones geográficas de Indias,* t. I, Madrid, 1881, p. 62.

1906 Polo, José Toribio "Un quechuista" en *Revista Histórica,* t. I, Lima, 1906, pp. 24-38 y 269-270. Reproducido en C. L. D. R. H. P., t. XI, Lima, 1918, pp. XV-XXI.

1936 Trimborn, Hermann, "Zwei Gebetsformeln aus präkolumbischer Zeit", en Forschungen und Forschritte, Berlín, 1936, pp. 216-217.

— Trimborn, Hermann, "Francisco de Ávila", en *Las Ciencias,* Madrid, 1936.

— Barraza, Jacinto, Historia de las fundaciones (1669), caps. 9 y 10, en *Revista Histórica,* t. X, Lima, 1936, pp. 200-212.

1953 Trimborn, Hermann, "El motivo explanatorio en los mitos de Huarochirí", en *Letras,* 49, Lima, 1953, pp. 135-146 y "Ante una nueva edición del manuscrito quichua de Francisco de Ávila", en *Letras,* 49, Lima, 1953, pp. 233-239.

1957 Dumézil, Georges, "Le Bon Pasteur; Sermon de Francisco Dávila aux indiens du Pérou (1646)", en *Diogène,* 20, París, 1957, pp. 84-102.

1959 Matos, José y otros, *Las actuales comunidades indígenas de Huarochirí en 1955,* Instit. Etnología, Fac. Letras, San Marcos, Lima, 1959.

1960 Rowe John H., "The origins of creator worship among the Incas", en *Culture in History,* 1960.

— Lara, Jesús, *Leyendas quechuas. Antología,* 151 pp. Contiene siete extractos del ms. quechua (*Dioses y hombres de Huarochirí*) traducidos al castellano por el autor (pp. 13-37).

impreso en gráfica panamericana, s. de r. l.
parroquia 911 - méxico 12, d. f.
cinco mil ejemplares
15 de marzo de 1975

www.ingramcontent.com/pod-product-compliance
Ingram Content Group UK Ltd.
Pitfield, Milton Keynes, MK11 3LW, UK
UKHW041826200726
13854UKWH00002BA/585

9 789682 306761